川盐文化圈图录

走在川盐古道上

自贡市盐业历史博物馆 编著

文物出版社

U0510093

图书在版编目（CIP）数据

川盐文化圈图录：行走在川盐古道上 ／ 自贡市盐业历史博物馆
编著. — 北京：文物出版社，2016.9
　　ISBN 978-7-5010-4737-6

　　Ⅰ．①川… Ⅱ．①自… Ⅲ．①盐业史－四川－图录 ② 古道－
西南地区－图录 Ⅳ．①F426.82-64 ②K928.6-64

　　中国版本图书馆CIP数据核字（2016）第210844号

川盐文化圈图录——行走在川盐古道上

编　　著：自贡市盐业历史博物馆

装帧设计：刘　　远
责任印制：梁秋卉
责任编辑：刘永海

出版发行：文物出版社
社　　址：北京市东直门内北小街2号楼
邮　　编：100007
网　　址：http://www.wenwu.com
邮　　箱：web@wenwu.com
经　　销：新华书店
制　　版：北京文博利奥印刷有限公司
印　　刷：文物出版社印刷厂
开　　本：889毫米×1194毫米　1/16
印　　张：21.5
版　　次：2016年9月第1版
印　　次：2016年9月第1次印刷
书　　号：ISBN 978-7-5010-4737-6
定　　价：380.00元

本书版权独家所有，非经授权，不得复制翻印

编辑委员会

主任

宋青山

执行主任

程龙刚

副主任

周翠微　黄　健

委员

（以姓氏笔画为序）

邓　军　邹后曦　宋青山　李　敏　周必素

周翠微　周　劲　孟华平　高大伦　郭伟民

黄　健　程龙刚　缪自平

主编

宋青山　程龙刚　黄　健

执行主编

程龙刚

策划

程龙刚

摄影

缪自平　程龙刚　邓　军

目录

川盐文化圈图录
—— 行走在川盐古道上

序

宋青山

2016年5月18日
于盐都西秦会馆

道路是人类文明进程的产物，一旦形成，就成为人类生活景观和社会生活的重要部分。由此，道路交通型文化线路遗产成为近年来国内外政府、学界及民间高度而广泛关注的遗产类型，尤其是"丝绸之路：长安 - 天山廊道的路网"及"京杭大运河"在2014年成功申报为世界文化遗产，蜀道、茶马古道等也正在开展"申遗"工作，文化线路遗产在中国的挖掘和保护利用可谓方兴未艾。本著所关注的川盐古道是长期被忽视却又具有重大价值的文化线路，对其开展全面调查和学术研究工作成为了我馆近几年科研工作的核心。

　　作为文化线路遗产的川盐古道，具有重大的遗产价值、考古价值及旅游价值，但因缺乏对川盐运销史料的翔实梳理和系统的实地考察，学界对其形成的背景与过程、历史作用、路线分布、遗产赋存等情况是不清楚的。为此，在2014年4～11月及2015年11～12月，我馆开展了"寻访川盐古道"大型学术考察活动，组织科研人员对川、黔、滇、鄂、湘、陕、渝境内运销川盐的古道及盐运文化遗产进行了大规模的田野调查。考察重点内容涵盖了各区域的盐运线路，与盐运相关的古盐道、碑刻、驿站、盐店、盐号、盐仓、税卡、关隘、会馆、祠堂、庙宇、牌坊、码头、古桥、堰闸、古镇、古街、古村落、古商城、摩崖石刻及运盐工具等类型多样的文化遗存，以及与盐运紧密相关的仪式活动、船工号子、运盐习俗、民间歌曲、戏曲、饮食文化等非物质文化遗产。并且，我馆科研人员对运盐群体、运盐方式、盐运与区域社会发展、盐运与聚落、盐运与交通变迁等专题进行了细致考察。两年内的系统考察，共历时98天，总行程约2.7万公里。通过严谨的实地调查、深度访谈、查阅地方文献资料，及沿线各地方文物管理部门的大力支持，我馆获得了大量关于川盐古道的第一手资料，收集到盐运实物38件、地方文献资料89册，制作碑刻拓片7张，拍摄考察照片约9万张，深度访谈约60位报道人，口述录音资料达78小时，视频纪录资料约34小时。通过以上工作，我们对川盐古道的历史面貌和现状有了较为整体、鲜活和清晰的认识。

　　其一，川盐古道是可与茶马古道、南方丝绸之路媲美的重要战略性物资通道，是源于四川（含重庆）的产盐区，通过食盐的运销和固定的运输路线辐射到川、黔、滇、鄂、湘、陕、渝等地的水陆混合型运盐古道，呈现出水路和旱路交织的特征，其本体主要由运盐石板路、纤道、栈道、河道、码头、古桥及关隘等组成。在沿线许多地方，老百姓又称之为"盐大路"或"老大路"。它是以盐运文化为特色的文化线路，是由盐运文化资源结合的线性（或带状）区域内的物质和非物质文化遗产族群。并且，以呈网状分布的川盐古道为基础，形成了客观存在、影响深远的川盐文化圈，其作为川盐生产、运输、储存、贩卖和消费的文化场，是川盐文化赋存的历史人文地理区域。

　　其二，川盐古道呈网络带状辐射，像血脉一样串起周边地区的大小城镇和村庄，绵亘在武陵山、大巴山、大娄山、乌蒙山、横断山脉等山区，沿沱江、永宁河、大宁河、赤水河、南广河、清江、沅江、酉水河、郁江、乌江、雅砻江、金沙江等江河延伸，经过重重的跋山涉水抵达黔、滇、鄂、湘、陕等销区，正是依靠这些山山水水，以盐为媒介，串联起盐产地、沿线和销区的区域经济和社会文化。依托川盐古道促成的川盐运销，不仅解决了销区民众缺盐的民生问题，还对促进沿线地区的开发、经济发展、文化交融及民族国家的治理有重大作用，而且有助于物资和人员的流动，促进经济和贸易发展，为人们享受公共交通服务及其他社会资源提供可资利用的通道。

其三，川盐古道是历史上跨区域配置食盐资源的孔道，促进了沿线经济社会发展、区域开发、民族发展进程及文化的交融与互动。川盐运销对赤水河流域、乌江流域的开发，对黔北、滇东北、神农架林区、武陵山区、乌蒙山区、大巴山区等地的历史发展有较大的推动作用。川盐古道作为商道，除运销食盐外，还是茶叶、马匹、铜矿、桐油、中药材、粮食、生漆等物资流通和交换的通道，对沿线商品经济的发展，集镇、村落的形成具有重要作用。而且，川盐古道对民族国家的治理和边疆地区的稳定有深远影响。先民历经艰辛将川盐运入滇、黔、鄂、西康等边区，为民族地区提供了稀缺的食盐资源。川盐的运销促进了土家族、苗族、彝族、仡佬族等少数民族与汉族和外界的交流。可以说，川盐古道也是西南和中南地区的各民族在历史时期进行经济联系和交往的通道，对维护民族、政治及边疆的稳定具有特殊意义。

其四，川盐古道具有重要的遗产价值、艺术审美价值、考古价值、旅游价值及学术研究等多重价值。一方面，它将单一的古道、关隘、桥梁、码头、聚落等联系了起来，并将线路上单一的文化遗产串联起来形成以盐运文化为特色的遗产体系，且沿线分布着诸如僰人悬棺、摩崖石刻、古墓葬、洞穴、碑刻、牌坊等文物点，其遗产价值和考古调查价值极大。另一方面，生物多样性和文化多样性并存是川盐古道所经区域的重要自然和人文特征，沿途自然生态良好、风光优美，是文化生态旅游的复合性线路，其旅游开发的潜力和价值较大。再者，对川盐古道的研究，可成为盐业历史文化研究的重要学术生长点。以川盐古道及川盐运销为切入点可进一步认识到四川（含重庆）的食盐产地在历史时期是如何与周边在社会经济和文化层面深刻地关联和广泛地互动。此外，川盐外运的历史活动还给后人留下了重要的精神财富。从交通地理来看，川盐外运须克服艰险的地理限制。从精神层面上讲，川盐外运的历史反映出沿线民众千百年来与恶劣的自然地理环境抗争，展现出自力更生、艰苦奋斗、顽强求生的豪情，其承载的历史信息、文化价值和精神意蕴对当下社会经济发展及人民的精神信仰仍具重大意义。

然而，让我们深感痛心和遗憾的是，川盐古道文化遗产正面临急剧消失的濒危局面。突出地表现为沿线各地缺乏整体性保护、开发性破坏严重、非物质文化遗产传承面临危机。因此，我们迫切倡导四川、贵州、云南、湖北、湖南、陕西、重庆地区的文物主管单位联合行动，协商建立起保护和协调机制，协调制定统一的总体保护规划与行动原则，用"文化线路"和"线性文化遗产"的视野，将川盐古道打包申报为全国重点文物保护单位，以"整体"的形式加强保护利用。

他山之石，可以攻玉。美国威斯康星大学麦迪逊校区人类学系教授周永明先生在《道路研究与"路学"》中指出："我们要全面深入地了解道路对整个区域的社会、经济、文化和生态影响，就应该跳出单一学科的限制，从跨学科的角度对其影响做全面综合的深入探讨，在此基础上形成一门'路学'。"川盐古道不仅为"路学"研究提供了极佳的场域，其研究还有助于扩展文化线路及盐业史研究的新视野。后续的研究工作，我们应采用多学科视野下的整合研究，注重人类学田野调查、社区研究及历史地理学的研究方法，并且需有区域社会史、区域文化史的观照，准确把握川盐古道的历史和现状、形成背景、具体路线、内涵、特征及其价值构成和文化遗产体系，启动川盐古道文化遗产资源的深度调查，围绕其历史文化、民俗、社会、语言、宗教及地理等方面进行深度的专题普查，全面摸清盐运文化遗产的体系构成并逐一认定单体价值。学界应进一步明确川盐古道文化线路的历史沿革、遗产构成和遗产价值，探寻适合跨省际间的大型文化线路遗产保护的有效模式。

总体而言，川盐古道既是自然物理空间的范畴，更是具有社会文化内涵和意义的社会、文化空间；研究的核心问题在于如何将自然物理空间转化为具有社会和文化意义上的空间，是一个涵盖了自然科学和社会人文科学的多层次的命题。而怎样将川盐古道的研究与当前区域社会经济文化的发展结合起来，推动其文化线路遗产的保护利用等现实问题，是我们必须高度重视之处。我馆对川盐古道的研究和保护利用将进一步"深耕"，深化和扩展对"川盐文化圈"的学理性思考，继续"行走"在川盐古道的路上，期望政府、学界和社会广泛关注川盐古道文化线路，协同推进相关的理论研究和应用研究。

为重点展现川盐古道的分布区域和文化遗产构成，我馆科研人员编写了此图录，用较简练的文字配以精心遴选的350余幅照片，集结成册，以飨读者。这既是我馆考察川盐古道的成果体现，也是与学界交流和探讨文化线路挖掘、保护的实践。

我们相信，随着川盐古道研究的纵深扩展，学界必将推进对"川盐文化圈"的认识，也期待其能为"路学"和"文化线路"在理论、方法、研究视野方面的构建提供我国本土的经验。

是为序！

川盐文化圈图录

第一章

自贡古盐道

第一章
自贡古盐道

1

2

　　"自贡之所以成为自贡者，均发源于'盐'也！"（《国民公报》1940年11月记者丁平语）自贡素以盛产井盐闻名遐迩，被誉为祖国的"盐都"。自贡井盐业发端于东汉章帝时期（76～88），晋代渐具规模，唐代日趋发展，宋代闻名于世，明代进一步发展，清咸丰、同治年间（1851～1874）步入鼎盛，抗日战争时期走向辉煌。据不完全统计，近2000年来，自贡地区凿成盐卤、天然气井达13000多口。迄今为止，自贡盐场累计生产食盐1亿多吨。在太平天国运动和抗日战争时期，自贡盐场生产的食盐运销川、滇、黔、湘、鄂等省200余州县，供给

3

1\ 人力锉井（1938年 孙明经摄）
2\ 采卤（1938年 孙明经摄）
3\ 输卤（1938年 孙明经摄）
4\ 制盐

4

1

全国1/10的人口食用。

"修亿万人往来道路，开数十代远大途程。"（乐善坊柱联联文）自贡井盐在长期的盐业运销过程中，其境内逐渐形成以旭水河（荣溪河）、釜溪河（盐井河）、沱江为主干道的盐运水道，沿途建有数量众多的码头、堰闸、桥梁等。除盐运水道外，自贡井盐还由驮户和盐担子（挑夫），通过井富路、井荣路、井叙路、井威路、井泸路、井隆路、井内路等陆路，将

盐运至富顺、荣县、宜宾、南溪、威远、泸县、隆昌、荣昌、永川、璧山、内江、资中、成都、重庆等地。自贡古盐道既是经济的生命线，又是文化的大走廊；自贡古盐道让自贡沟通了世界，使盐都沉淀了文化。在自贡古盐道上，分布有古盐道、码头、桥梁、堰闸、雕楼、祠堂、庙宇、会馆、牌坊、石刻、老街、古镇等文化遗产，其数量众多、类型齐全、规模宏大、保存完好，具有较高的历史、科学和艺术价值。

2

1\ 釜溪河运盐船
2\ 盐垣

第一节
自流井

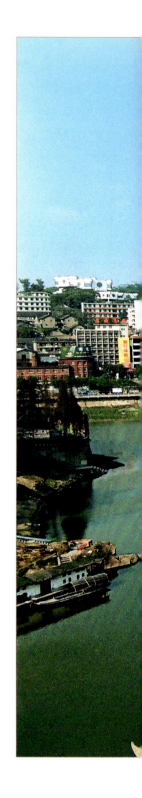

　　"盐都自流井，盛名传久远。"（原国务院副总理、国防部长张爱萍将军题词）自流井是自贡市的中心城区，是"千年盐都"的政治、经济、文化、商贸中心。自流井开凿于明嘉靖年间（1522～1566），它的崛起开启了自贡盐业的新时代。天启年间(1621～1627)，自流井一带已有盐卤、天然气井380眼，形成了一个天车鳞次栉比、井灶星罗棋布的新盐区。清雍正七年（1729），由于自流井地区盐业的兴盛，自流井县丞署应运而生，专司盐务。乾隆嘉庆时期，自流井已成为仅次于射蓬、犍乐的四川三大盐场之一。太平天国运动和抗日战争时期，自流井凭借丰饶的资源、精湛的技术、广阔的市场和高额的利润，步入鼎盛和辉煌时期，独执四川井盐生产之牛耳，成为"富庶甲于蜀中"的"川省精华之地"。1939年9月，自流井和贡井合并，设立自贡市，自流井因此完成了历史进程中一次质的飞跃。在历史上，自流井不仅是自贡盐业生产的中心产场，而且是自贡井盐外运的重要枢纽、盐运重镇。如今，在自流井，古盐道、码头、桥梁、牌坊、庙宇、老街、古镇等文化遗产仍在默默地述说着自流井盐场曾经的繁华与荣光。

自流井老街古盐道（1938年 孙明经摄）

自流井城区

1

◆　一·自流井老街

　　自流井老街位于国家历史文化名城自贡市市中区火井坡北麓，釜溪河南岸，依山傍水，错落有致，既是旧时运输井盐的古盐道，也是举世闻名的自流井遗址所在地。老街建筑均系清末和民国时期的川南民居风格，灰墙黛瓦，古韵悠悠，展现了釜溪河盐运水道的历史风貌，构成了"千年盐都"一道靓丽的风景线。自流井、路边井、宝龙井、钱川井、荣华井、四望井、火龙井等卤气井遗址，以及古盐道、盐运码头、驿站、盐垣、柜房、盐商宅邸、盐工住宅等，散布其间，相映成趣，具有极其重要的文物和旅游价值，令人驻足，流连忘返。

1 \ 自流井老街
2 \ 自流井老街盐码头
3 \ 自流井老街盐商宅邸

1

◆ 二·善后桥

善后桥，现名新桥，位于自贡市中区光大街与滨江路之间，是自贡市中心的交通枢纽。1919～1920年间，为利于自流井盐场与贡井盐场的交通，两场盐商和广大商民纷纷捐资建桥。1921年动工，1925年夏竣工。该桥高出水面7、长75、宽6.5米，大小7孔。桥上石栏和每孔拱肩上部，均有雕刻精细的神话人物，以及驱逐水怪的鱼、龙、狮、牛等神兽，鬼斧神工，栩栩如生，极具艺术价值。大桥建成时，正逢四川各军阀打败杨森后聚集自流井召开善后会议，地方士绅邀请各军阀参加盛大的踩桥典礼，大桥便以"善后"命名，"善后桥"石碑由四川军务善后督办刘湘题署。1965年3月，善后桥进行扩建，同年6月25日竣工。扩建后，桥长100、宽9.4米，两侧人行道各宽1.5米。

1 \ 善后桥
2 \ 善后桥桥身精美的雕刻

1

1＼汇柴口古盐道旁的炎帝宫
2＼汇柴口古盐道
3＼汇柴口古盐道上的老街

◆ 三·汇柴口古盐道

　　汇柴口古盐道依偎在自贡市中区釜溪河南岸富
台山和观音岩山坳处，南至内昆铁路，北至张家沱，
全长约400、宽约2米，古道高低就势，民居错落有
致。明嘉靖（1522～1566）以后，随着自流井盐业
和商业的兴盛，汇柴口作为自流井向南通往富顺、
宜宾的盐业运销陆路要隘，挑夫盈途，骡马结队，
大量的井盐从这里贩运外地。同时，汇柴口又成为
自流井煎盐、民用所需柴草竹木汇集销售的要道和
场所，地以此名。被誉为"影响中国20世纪20大奇
才怪杰之一"的"厚黑学"教主李宗吾先生就出生在
汇柴口，其故居位于汇柴口南坡洗脚河边的小竹湾，
亦是先生辞世之地。

2

1

◆ 四·王爷庙

　　王爷庙坐落在自贡市中区釜溪河沙湾段的转弯处，背依龙凤山，俯临釜溪河，是自贡盐场橹船帮和盐运商奉祀镇江王爷的行帮会馆。该庙原是一座小庙，清同治年间修建正殿，光绪十五年至三十二年（1889～1906）胡汝修、李斐成等绅商又斥巨资扩建戏台和回廊，与原来的正殿有机融为一体。抗日战争时期，因扩修井邓公路，正殿被拆除。戏楼为抬梁式木结构，单檐歇山式屋顶，通高4.1、面阔8.9、进深8.85米，戏楼离地面高2.8米，正脊两端是鸱吻，正中置火龙宝珠一串，其下塑"富禄寿"三星。整个建筑布局独特，小巧玲珑，装饰华丽，雕刻精细，回廊曲径飞檐比翼，崇楼丽阁精美绝伦。同治年间，王爷庙已被《富顺县志》列为自流井的胜景之一。1988年，王爷庙被四川省人民政府公布为文物保护单位。王爷庙现为自贡市区著名的临江茶楼，每逢春节、元宵，庙内更是披红挂彩，灯火辉煌，游人如织。

1\ 釜溪河王爷庙段盐运（1906）
2\ 王爷庙雪景

2000年改造后的解放桥

◆ 五·解放桥

　　解放桥位于自贡市中区王爷庙和水涯居之间的釜溪河上，是自贡通往富顺、宜宾、云南等地的主要通道。为便于盐斤运销，川康盐务局于1939年1月15日开工建造此桥，时名盐井河大桥。该桥为石砌桥墩桥台5孔15米跨钢筋混凝土梁式桥，桥长75、宽6.5、高16.5米，可承受压力10吨。1940年7月31日竣工，命名釜溪桥，市民俗称洋灰桥。建成后该桥把碳子口北面的井内路和南面的井邓路连成一气，对当时的盐业增产和加速运输发挥了重要作用。1949年12月自贡和平解放时，因中国人民解放军由此进入市区，1966年更名为解放桥，同时加宽桥面至13米，其中车行道宽8米，两侧人行道各宽2.5米。2000年，随解放桥立交系统工程建设，将原桥拆除改作斜腿钢构桥。

仲权万寿宫门楼

◆ 六·仲权古镇

　　仲权镇，原名双石铺，因天上宫两侧各有一巨石矗立，隔河相峙，加之场镇店铺商号鳞次栉比而得名。该镇南与漆树乡、富全镇相邻，西与荣边镇、农团乡相连，北与舒坪镇接壤，旧时是自贡到宜宾传统交通线路上的重要驿站和商贸集散地。其城镇发展有着厚重的历史文化积淀与传承，现存历史遗迹有老街、万寿宫、南华宫等，其中尤以万寿宫最有代表性。万寿宫位于仲权镇黄家村1组，坐北向南，建于清乾隆十八年（1753），占地面积约1720平方米，整体建筑结构为四合院布局，四周山墙环绕，歇山式屋顶，小青瓦屋面，穿斗、抬梁式砖木结构，进深43.4、面阔40.6米，门楼为一牌楼，正殿全毁，左右厢房部分被拆除，戏台基本保存完好。

◆ 七·漆树乐善坊

漆树乐善坊位于自流井区漆树乡街区中心处，牌坊前是旧时自流井、贡井通往宜宾、云南的盐马古道，现为自贡通往宜宾的县级公路。该坊建于清咸丰元年（1851），是当地民众为歌颂武德骑尉颜昌英、奉直大夫李振亨共同捐资修路而修建。该坊两柱单门三滴水，通高4.9、通宽3.25米，门宽1.2、高1.76米，花鸟人物、狮象螺铛均镂刻得栩栩如生，宝顶上的镂空雕刻更显出雕刻匠人的精湛工艺。坊上匾额、柱联施圆底刻，厚重庄严，苍劲有力，至今保存完好，清晰可见。该坊完整记载了武德骑尉颜昌英、奉直大夫李振亨共同捐资修路的过程和里程，即从自贡的双石铺（现仲权镇）至宜宾吊黄楼近100公里，打通了自贡至宜宾的陆上盐运通道；同时记录了自贡川主庙、南华宫、禹王宫、文昌宫等会馆庙宇及个人慷慨捐助的事迹。该坊对研究自贡盐运、盐文化具有重要的历史、艺术和科研价值。

漆树乡老街

1\ 漆树乐善坊
2\ 漆树乐善坊栩栩如生的雕刻

1

2

| 贡井城区鸟瞰

第二节
贡井

"兴废占盐业，阴晴算客衣"（1891年赵熙《公井》诗）。贡井原名"公井"，因境内留存有1400余年前的大公井而闻名，既是一座历史悠久、源远流长的盐业重镇，也是一个井盐运销最为繁忙的重要盐埠。北周武帝时期（561 ~ 578），在大公井所在地设公井镇。唐武德元年（618），于公井镇置荣州，升公井镇为公井县。北宋庆历年间（1041 ~ 1048），贡井地区成为卓筒井的发祥地之一，为人类文明的

进步和科学技术的发展作出了卓越的贡献。明洪武九年（1376），在"新罗二井设盐课司"，改公井盐监为公井盐课司。嘉靖时期（1522～1566），公井更名为贡井，并沿用至今。清雍正七年（1729），由于贡井地区盐业的兴盛，贡井县丞署成立，专门负责贡井盐场的产、运、销、缉、税事宜。咸丰、同治年间和抗日战争时期，贡井盐场因"川盐济楚"步入高速发展的"黄金时期"，与自流井盐场一起成为四川首屈一指的井盐产场。1939年9月1日，贡井和自流井合并，设立自贡市。此中，贡井盐场因盐业运输需要而形成的盐道也逐渐形成并完善，即连接旭水河两岸的重滩桥、平康桥、平桥、济元桥、中桥、下桥，以及重滩、艾叶、平桥、中桥、五皇洞堰闸和一系列的盐运码头构成的梯级盐业运输水利工程，是世界上最早建成的梯级盐业运输水利工程。

1

◆ 一 · 艾叶古镇

艾叶古镇地处自贡盐场的最西端，历来是水路、陆路盐运的枢纽和要津，如今保存完好的平康桥、平康堰、码头和横街是其作为"自贡盐运第一镇"的最好见证。自贡地区熬盐的柴薪、煤炭和架天车用的木材主要来自荣县和威远，而从荣县、威远运来的柴薪、煤炭和架天车用的木材，就在艾叶滩卸船。为减少转运，便于船只、木筏直接翻滩，清康熙三十五年（1696）在艾叶滩长200、宽60余米的石滩上开凿出宽6、长约100米的船槽，形成行船甬道。光绪二十八年（1902），盐商张三和独资修建平康桥，联通了艾叶、长土两大盐区。平康桥为石拱桥，三墩四孔，长56.4、宽6.4、高8.92米。光绪三十年（1904），为提高水位，便利船只通行，又修筑平康堰闸。该堰闸全长60.5米，11个堰墩，每墩墩长3.6、宽1.55、高2.5米，第一墩与第二墩的墩距为2.6，

其余为3米。码头整体结构为"之"字形，有一月亮坝：码头长7.3、宽3米，坡度45°；月亮坝长5.3、宽4米；"之"字头（上石梯）长4、宽3.8米，12级踏步；"之"字尾（下石梯）长7.6、宽5.7米，20级踏步；"之"字拐（平台）长5.7、宽3.8米。横街濒临旭水河，一端连接码头，另一端与平康桥、平康堰相连，长约300米，高低错落、曲折蜿蜒，建筑为清代川南穿斗式结构，灰墙黛瓦，古色古香，当年挑夫盈途、商铺林立。2013年3月，艾叶古镇入选"中国历史文化名镇"。

2

3

◆ 二 · 苟氏坡盐道

　　苟氏坡盐道位于自贡市贡井区筱溪街，建于清代，占地面积3000平方米。该盐道用长0.8、宽0.4米（长方形）的石板铺砌，全长约1500、宽1.5～2.1米。现保存528米长路段，其中原貌石板路长80米，部分改建为混凝土或水泥路面作为社区通道，盐道两边的店铺大多保存了原始风貌。苟氏坡盐道系盐商们为转运贡井旭水河两岸的食盐而集资修建。

苟氏坡盐道

◆ 三·顺海井码头

　　顺海井码头位于贡井区艾叶镇韭菜嘴社区，建于清代，占地400平方米。该码头在河滩上铺砌宽大码头长8.5、宽4.8米，坡度35°，15级踏步，踏步宽0.9米。码头左侧为石砌堤岸，高2.5米，堤岸用石板铺面作为盐道，长200、宽2.4米。盐道一侧是石砌堡坎，堡坎上的平坝原密布盐井灶房。在盐井灶房中间，是一条连接码头的石板路，石板路长17、宽3.3米，36级踏步，踏步宽0.5米。在石板路与码头垂直处右侧有一个长、宽均为4.8米的平台，另有一侧梯连接码头右侧河岸与岸上井灶，侧梯长1.9、宽1.6、高0.9米。顺海井码头是贡井旭水河"八里秦淮"上规模较大、配套完整、使用时间最长、保存最完好的一个盐运码头。

| 顺海井码头

◆ 四·平桥

　　平桥位于贡井区贡井街盐
工新村社区，建于清嘉庆年间
（1796～1819），是贡井旭水河
上最古老的石桥。光绪二十八
年（1902），清政府为提高水位
将平桥改为桥堰合一，兼具陆
路交通和水路运盐的功能，是
贡井五大桥堰中唯一一座桥堰
合一的平孔石桥。该桥十一墩
十二孔，原长55.7、宽2.8米。
2007～2008年，贡井区人民政
府对平桥进行维修改造，加长加
宽了桥面，桥现长77.7、宽3.1
米。桥墩高低不一，桥孔跨度不
一，桥墩最高处高2.5、最低处
高1.55、墩宽2.56米，桥孔最
大跨度为7，最短跨度2.6米。
堰为十六墩十五孔。与平桥相距
47米的断崖瀑布宽85.5、落差
6.4米，成为贡井城区一道独特
的自然景观，享有"走遍天下路，
难见城中瀑"的美誉。

贡井平桥夜景 |

◆ 五 · 济元桥

　　济元桥，即今贡井大桥，位于贡井区贡井街盐工新村社区，建于清同治元年（1861）。在太平天国时期，第一次"川盐济楚"使贡井盐场盐业兴旺，盐运繁忙，原有的水路和陆路满足不了食盐大规模、井喷式增长的运输需求，故在旭水河平桥下游增建此桥。该桥为联拱石桥，三墩四孔，桥体长54、宽14.1米，桥拱高8.2、宽10米，桥墩高3、宽2米。1949、1997年两次进行维修加固，2005～2006年再次对桥体维修加固和桥面改造。济元桥是旭水河贡井段五大桥之一，对贡井盐场食盐运输作出了较大贡献。

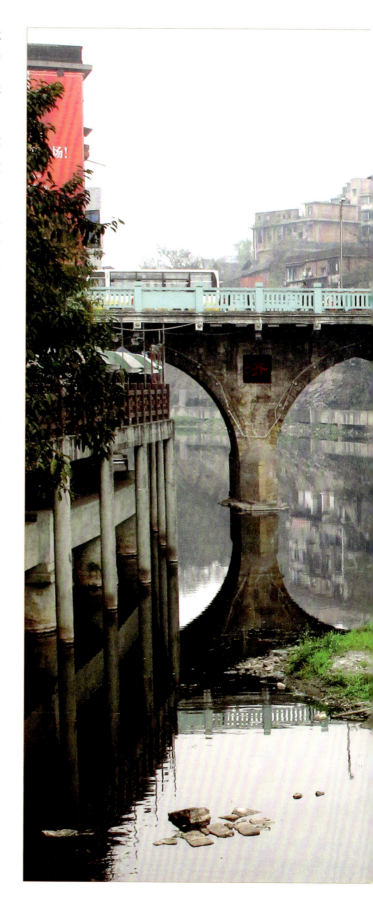

济元桥 |

◆ 六·中桥

　　中桥位于贡井区老街社区，始建于清嘉庆年间（1796～1819）。该桥为全石结构平孔桥，三墩四孔，其中最高的一孔行船，桥面用条石铺砌、马鞍形铁楔钉加固，桥墩用石块垒砌、马鞍形铁楔钉加固，全长52、桥面宽2米。中桥堰闸长61.5米、十墩六槽，堰闸前有二十级垂带型踏道，桥和堰闸之间为一大水沱，堰闸中间为一大船槽，西侧为盐运码头。中桥及堰闸是自贡盐运水道的重要设施，是旭水河贡井段五大桥滩、堰闸、码头的杰出代表，历经二百多年，仍坚固如初，保持原貌，有较高的历史、科学和艺术价值，2009年2月被命名为自贡市重点文物保护单位。

1

1＼中桥上的马鞍型铁楔钉
2＼中桥古盐道

2

◆ 七 · 五皇洞堰闸

五皇洞堰闸位于贡井区艾叶镇竹林村，建于清光绪三十年（1904），民国二十八年（1939）国民政府曾进行维修，加固了堰堤。该堰闸为堵水堰闸（放闸保障水流），即在1500平方米的石滩上筑堤堰，阶梯形堰基拾级而上，在3米左右处留槽筑墩，九墩十槽，墩高0.9、宽1.1、长2.2米，槽口大小不一，最宽处14、最窄处4.6米，在72米长堤上仅有一个堰口（亦为船槽）宽2.5、深3.15米，既放水又行船。堰堤下是宽大的堰滩，堰基前面并排两三处划留长方形沟缝，堰滩可能是停靠盐船的地方，堤堰左侧是一斜面码头，长16.8、宽4.7米，码头两边各有明显的沟槽为拖船滑道。五皇洞堰闸上水面平阔，堰闸下滩险峡高、瀑深水窄，是旭水河—釜溪河最高最险的堰闸，在历史上对贡井盐运作出了重大贡献。

| 五皇洞堰闸

◆ 八·雷公滩堰闸

雷公滩堰闸位于贡井区长土镇石沟村，建于清光绪三十年（1904），民国二十八年（1939）国民政府曾进行维修。该堰闸结构为枷担形，东岸横水面筑15.5米长堤，在拐角处修筑翻盐码头，长7、宽4.2米，河中切水面筑主堤，长56.7、高0.5米，在距西岸8米处开闸口宽4米，有两个堰墩，宽1.6、高3.9米，一个堰口即船槽与五皇洞功能一样，涨水时盐船过船槽（堰口），枯水时船靠码头翻盐。雷公滩采用船闸升降水位过船，是旭水河接中溪河和威远河的第一堰闸，旭水河经此堰闸后汇入釜溪河进自流井，为贡井乃至自贡盐业的发展作出了较大贡献，至今仍发挥着水利作用。

雷公滩堰闸

第三节
大安

大安原名大坟堡，位于自贡市的东北部，既是自流井盐场的主要聚集地，也是自流井盐巴外销和生产生活物资进入的重要孔道。在自贡盐业生产史上，大安井灶密布、天车林立、云烟蒸腾，并创造了许许多多的第一：大坟堡在1.2平方公里的范围内先后开凿盐井198口，是自贡盐井密度最高的地区；大坟堡是世界第一口超千米深井 —— 燊海井的诞生地；

杨家冲是中国第一口岩盐井 —— 发源井的诞生地；凉高山利成井是最早采用电力汲卤的盐井；大坟堡鼎鑫井是采用机器钻凿的第一口盐井；大山铺三号井是采用旋钻打成的第一口盐井；大安盐厂3号井是采用水举法采卤的第一口盐井 …… 为了便于当地平民百姓就近贩卖，曾在自流井盐场设有五大盐垣：凉高山、大坟堡、东岳庙、豆芽湾、郭家坳，其中凉高山、大

坟堡两大盐垣就在大安。大安地理位置优越，交通便利，历来是自流井的食盐外运和内江、重庆、成都等地的糖、大米、日用百货运进的北大门和东大门。境内的凉高山、大山铺、牛佛和回龙等，就是井内路、井隆路上的重要驿站或水码头。

大安城区鸟瞰

◆ 一·凉高山老街

凉高山是自贡市的东大门，距市中心3千米，因地处凉爽、高朗的山岭而得名。在历史上，凉高山是自流井盐场一个重要的产盐区。1941年9月，自流井盐商采用第一台电动卷扬机在凉高山的利成井采卤取得成功，开启了自贡盐业电力采卤的历史。同时，凉高山自古以来就是陆路盐道井内路的必经之地，商贾繁荣、车流如织。自流井盐场生产的食

1 \ 凉高山老街
2 \ 李亨祠堂
3 \ 王氏节孝牌坊
4 \ 张氏节孝牌坊

1

盐从此源源不断地运往内江、重庆、成都等地，内江、重庆、成都等地的糖和其他生产生活物资也经此络绎不绝地运回自流井盐场。凉高山老街呈"Y"型，大街长约1千米，街房多为小青瓦、木石结构，宁静古朴、古意盎然。现在保存完好的两道雕刻精美、气势磅礴的石碑坊和雕梁画栋、朱栏玉砌的李亨祠堂，无不使人想起该地区昔日的辉煌。

2

◆ 二 · 大山铺老街

大山铺位于自贡市的东北部，距市中心5千米。大山铺源于行销内江、重庆、成都等地的票盐和从内江、重庆、成都等地运来的糖、粮油、日用百货在此集散，是自流井通往内江、重庆、成都的重要驿站，人来货往，市井繁华，早在清代就有"填不满的大山铺"的说法。在清代中晚期，大山铺正街两侧先后建有宫庙12座。至今，长约1.5千米的大山铺老街尚存清末民初的街市格局和风貌，这里有建于嘉庆十年（1805）的南华宫，还有建于道光二十五年（1845）的川主庙，还有建于同治三年（1864）的天上宫。老街弯弯曲曲，高低错落，店铺如两条长龙列阵两旁。

1 \ 大山铺老街
2 \ 南华宫

1

◆ 三·牛佛古镇

　　牛佛位于大安区的东部，距市中心35千米，因其对岸有一座牛王山而得名。牛佛地处沱江下游，交通方便，上通资中、简阳，下达泸州、重庆，自古以来就是沱江流域的一个大码头和重要的商品集散地。明清时期，这里长年帆桨如织、百舸争流，自流井的食盐从这里运销川西平原和川东地区，川西平原的大米和川东地区的百货也从这里运至自流井盐场。随着商贸的繁荣兴旺，牛佛逐渐形成了九街十八巷的街市格局。因为商贸兴盛，不仅本省商人在此经营，更有"五省"商人来此发财，各省同乡会馆相继兴建，号称"五省八庙"。这些庙宇不仅佛神塑像庄严，壁画精湛，而且殿堂柱石雕刻造型异常精美。此外，中和灏、贺乐堂等祠堂建筑也具有相当高的艺术水平。

1 \ 牛佛古镇（杨焕明摄）
2 \ 码头
3 \ 万寿宫

1

2

3

1

2

1 \ 中和灏
2 \ 中和灏山墙
3 \ 贺乐堂

◆ 四·回龙古镇

　　回龙镇位于大安区的东南部，距市中心50千米，距沱江岩槽码头2千米，因场镇迂回曲折形如游龙而得名。昔时，回龙场是自流井的盐巴运往隆昌、荣昌、永川、璧山、重庆的重要驿站。运盐船从上游的牛佛渡运到沱江边的岩槽码头后，盐担子们从这里再转运到回龙场，然后运往重庆方向。由是，回龙场挑夫盈途、酒肆林立，商贸繁荣。如今，回龙古镇的天后宫、禹王宫、川主庙等仍然保存较为完整，庙宇古朴，飞檐叠嶂，古色古香，构筑精美，香火鼎盛。

1 \ 回龙古镇的老街
2 \ 天后宫
3 \ 川主庙

1

2

3

禹王宫

◆ 五·金子凼船闸及石碑

金子凼船闸位于大安区和平乡戴家坝金胜村1组，始建于1941年12月，落成于1942年5月。该船闸是一座锁式梯级船闸，仿巴拿马船闸而建，其主体为拦蓄河水、提高水位的拦河堰坝与锁式船闸相结合为一体的水利建筑。金子凼船闸建成后，釜溪河航道彻底改善，歪脑壳船每次往返航期，由30多天缩短为10天左右，全年通航吨位达25万吨，满足了当时运盐、运煤的需要。2004年，自贡市人民政府为打造人居工程，拆毁船闸，在原址新建拦河闸坝一座，使用电动卷扬机牵引闸门开合。2014年，建筑工人在金子凼船闸附近发现一块石碑，该石碑碑文保存较为完整，碑上字迹清晰，记载了船闸修建的时间、经过及有关部门等，对研究自贡盐运历史文化有极其重要的意义。

第四节

沿滩

　　"十里水路连八街，千年盐运第一城"。沿滩位于自贡市的南部，自古以来便是川南有名的水码头和旱码头。清康熙三十五年（1696），经过疏凿，釜溪河开启通航的历史。道光年间（1821～1850），盐商和运商筹集军费，在釜溪河的仙滩、沿滩等4处重点险滩各修筑石板埝1道，蓄水航运。光绪三年（1877），又在釜溪河的邓关梁子等7处修筑石板埝1道；同时对仙滩、沿滩等4道石板埝进行了加高加固。1939年，为了满足"增产赶运"的需要，川康盐务管理局在东兴寺、沿滩、邓关分别设立中转盐仓，并从东兴寺西官仓一号至沿滩黄天坝官仓铺设了一条长达15千米的轻便铁道，每天用平板车运盐1200担至中转盐仓，然后搬运上船运往邓关，这不仅大大提高了运输效率，而且给沿滩提供了较多的就业机会，促进了当地商贸的发展。1940～1942年，川康盐务管理局先后投资在沿滩、邓关等地建成三座堰闸。至此，釜溪河彻底改变了滩多湍急及水势枯涸的航运条件，实现了渠化通航，促进了自贡盐业的飞速发展。随着釜溪河的通航和航运条件的不断改善，因水运而兴的城镇（如仙市、沿滩、邓关等）开始繁荣发展起来。此外，沿滩境内的永安等场镇是井宜路上的重要旱码头，自流井生产的食盐经过这条道路运往乌蒙（今昭通）、东川、芒部（今镇雄），这条道路沿线场镇生产的竹篾制品及山货、药材也经这些旱码头运到自流井，于是这些旱码头商贾云集、店铺林立，盛极一时。

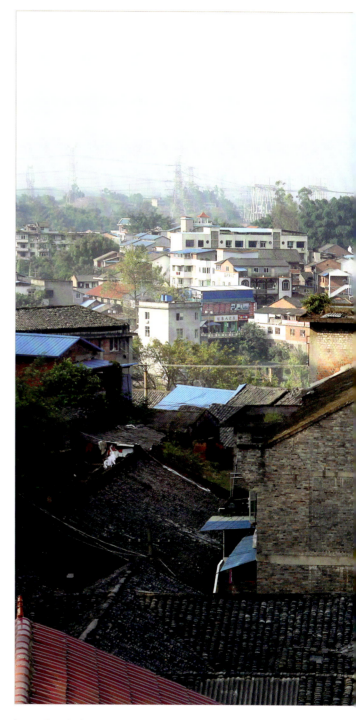

沿滩城区鸟瞰

1\ 釜子凼船闸
2\ 釜子凼船闸石碑

◆ 一·仙市古镇

仙市，原名仙滩，坐落于沿滩区东北部的釜溪河畔，距市中心12千米。仙市自古就有"东大道下川路第一站"的美誉，也是釜溪河当年重要的码头之一。大量的自贡井盐就是经这里上成都，入川西，到重庆，过川东，出三峡济湘、鄂的，所到地区的粮食、布匹之类的生活物资也经这里运回自贡，故仙市在史籍中留下了"挑夫盈途"、"帆桨如织"、"夜市灯火通明"的记载。特别是太平天国运动和抗日战争时期，自贡盐场的盐业生产和运销步入鼎盛时期，仙市随之扩建街衢规模，形成"四街、四栈、五庙、三码头、一鲤、三牌坊、九碑、十土地"的场镇格局。如今，仙市古镇在青山绿水的环抱中，粉墙黛瓦的各式川南民居和建筑精美的会馆庙宇错落有致地撒满河岸山坡，空间变化丰富、对比协调、层次分明、韵律和谐，展现了"半镇青山半镇楼，山形镇影在水中"的融山、水、镇为一体的古镇风貌。保存完好且最具代表性的民居 —— 陈家祠堂（建于1881年），布局严谨，井然有序，恢宏清秀，构筑典雅。保存完整的两座会馆 —— 南华宫（即广东会馆，建于1862年）、天上宫（即福建会馆，建于1850年），通过侧厢房下组串起来，颇具特色。1992年被批准为四川省历史文化名镇，2007年被评选为中国历史文化名镇。

1\ 依偎在釜溪河畔的仙市古镇
2\ 南华宫
3\ 天上宫

1

2

3

◆ 二·庸公闸

　　庸公闸位于沿滩镇升坪街社区，紧邻沿滩大桥，坐东北向西南，横跨釜溪河，分布面积3370平方米。民国二十七年（1938）由川康盐务管理局投资，华北水利委员会第二测量队勘测设计，总工程师朱宝岑等13人负责，1940年动工，1942年竣工。庸公闸是一座锁式梯级船闸，仿巴拿马船闸而建，其主体为拦蓄河水、提高水位的拦河堰坝与锁式船闸相结合为一体的水利建筑。自上游至下游依次分布有上分水堤、进水门、下分水堤和出水门，在闸堰的西北面筑有1560平方米的拦水坝。此闸最大运力为每天827吨，年25万吨，在20世纪70年代由手动改为电动升降。庸公闸的东南壁有赵熙题"庸公闸"三字，"庸公"系孔祥熙字号，因得到当时国民政府财政部长孔祥熙支持，获中央财政资金投入，故以孔祥熙之字"庸公"命名。庸公闸的修建主要是满足自贡井盐运输的需要，是自贡井盐出川的重要交通要津，建成后大大提升了釜溪河的通航能力，使自贡水路盐运通道直达沱江。

| 庸公闸

◆ 三·济运闸

济运闸位于邓关镇会仙桥社区邓关大桥上游约50米处，坐东向西，横跨釜溪河，分布面积4218平方米。民国三十年（1941），由富顺县长闵绍崖任总指挥，委员赵献集、斯俪明、杨道源组织实施修建。济运闸是一座锁式梯级船闸，仿巴拿马船闸而建，其主体为拦蓄河水、提高水位的拦河堰坝与锁式船闸相结合为一体的水利建筑。自上游至下游依次分布有上分水堤、进水门、下分水堤和出水门，在闸堰的南面筑有1200平方米的拦水坝。此闸最大运力为每天830吨，年25万吨，20世纪70年代由手动改为电动升降。济运闸的南壁有赵熙题"济运闸"三字，字距路面1.2米，字高0.7、宽0.5米，字距5.6米。

◆ 四·永安古镇

永安镇，原名鳌头铺，因"鳌"与"毛"近音，故又名毛头铺。永安是井宜路上的重要驿站，从自流井运盐巴下宜宾的脚夫和驮队，从宜宾、云南等地贩运茶叶、药材和山货的商人均在永安住宿。每当夕阳西下、华灯初上时分，场镇上人山人海，20多家客栈家家爆满，茶馆热闹非凡，喝茶的、说书的、卖唱的、耍杂技的、算命的、钉马掌的……忙得不亦乐乎。在不到1千米长的街道上就有20多家客栈、30多家茶馆、30多家饭店，上百家商铺。永安镇有"五省八庙"之说，即湖广（湖南、湖北）人建的禹王宫、福建人建的天后宫、广东人建的南华宫、江西人建的万寿宫、四川人建的川主庙、屠宰帮建的张爷庙、苗罗等13姓建的文庙、本地人建的启圣宫，还有文昌宫、三圣宫等，在"文化大革命"前，大部分庙宇保存完好。现存有禹王宫、天后宫和文昌宫，其中禹王宫的附属设施——阁乐祠保存较为完整。阁乐祠是湖广籍客商于清咸丰元年（1851）建成的祠堂建筑，占地面积3000平方米。整体建筑结构呈两重四合院叠加建筑布局，砖木结构，抬梁、穿斗式混合梁架，小青瓦屋面，悬山式屋顶。三座殿堂和左右厢房呈对称分布，从大门至正殿呈梯级分布，献技楼与中殿之间有1个露天坝，正殿与左右厢房之间有1个小天井相隔，过厅两侧有唤鱼池。石雕、木雕和灰雕遍布整个建筑，有《三国演义》故事和唐宋诗词等20余幅，形神兼备，栩栩如生。2012年被列为四川省文物保护单位。

1

1 \ 闿乐祠鸟瞰
2 \ 闿乐祠精美的木雕
3 \ 闿乐祠精美的石雕

2

3

第五节
富顺

富顺位于自贡市的东南部，沱江下游，既是自贡地区盐业生产的发祥地，也是自贡盐场举足轻重的盐运码头。早在东汉章帝年间（76~88），劳动人民就在今富顺县城开凿了自贡地区第一口盐井，开始了井盐生产。南北朝时，该井"以其出盐最多，商旅辐辏，百姓得其饶"而称富世盐井。它的出现，标志着自贡地区盐业生产的开端。北周武帝时期（561~578），因富世盐井而设富世县。唐贞观二十三年（649），因避唐太宗李世民讳，富世县更名为富义县。元和二年（807），富世盐井已成为剑南道最大的盐井，深达570.6米，月产盐3660石。太平兴国元年（976），因避宋太宗赵光义讳，富义监（966年，富义县升为富义监）改名为富顺监，富顺的名称即从此始。明代以来，富顺盐业生产又有较大的发

富顺城区鸟瞰（邓佑云 摄）

展。洪武年间（1368～1398），富世等十三口盐井年产盐186万余斤，仅次于上流（今简阳）井盐课司，为四川第二大井盐产地。弘治时（1488～1505），富世等井产量便跃居全川首位，年产盐367万余斤，约占当时全川产盐量的1/5。明正德（1506～1521）以后，富世等井生产能力逐渐衰退。随后，在距富顺县城西北九十里的荣溪水滨，开凿了以"自流井"为代表的一批新盐井，富顺盐业生产由此衰落。然而随着自流井盐业生产和运销的兴盛，特别是太平天国运动和抗日战争时期，富顺境内枕釜溪河、沱江而居的场镇，如邓井关、狮市、赵化、长滩等，因盐运而生，因盐运而兴，成为釜溪河、沱江的重要水码头和交通要津。

◆ 一·邓井关古镇

邓井关，地处釜溪河与沱江交汇地段，是自贡至富顺、泸州、内江、宜宾的水陆交通要道，也是川南地区商贸繁荣的重要集镇。早在宋代以前，当地就有邓姓者在这里凿办盐井。北宋时，因凿井制盐以邓姓井为盛，且商贸兴旺，故设置邓井镇。清乾隆元年（1736），叙州府建武厅通判署移驻邓井，称盐捕通判署，设关征收盐税，遂名邓井关或邓关。邓井关因船运业兴旺而逐渐繁荣，街市列于釜溪河和铁钱溪两岸，长达5000余米；河中帆樯如织，鼎盛时泊船上千只，直抵釜溪河与沱江交汇处的李家湾，逶迤壮观；茶房酒肆通宵营业；评书艺人口若悬河，吸引无数听众。如今，邓井关古镇失去水陆码头的优势，也就失去了往昔的繁华，唯有遗存的码头、老街、庙宇等在静静地述说着"白日有千人拱手，夜晚有万盏明灯"的兴盛过往。

1

2

3

◆ 二·狮市古镇

狮市，原名狮子滩，位于富顺的东北部，依偎在沱江东岸，是富顺至牛佛的重要水码头，也是资中至泸州的货船停靠码头之一。古镇建于清末至民国时期，建筑为悬山式屋顶，穿斗式结构，小青瓦屋面，依山傍水，高低错落，次第而立。街道宽不盈丈，屋檐相伸欲接，晨曦不入，晚霞难进，夏雨不染衣衫，冬雨难湿街面，大有凉亭街的神韵。一条老街串起古镇的"三宫"、"四庙"，天后宫、南华宫、禹王宫及川主庙、文昌庙、药王庙、观音阁散落在一楼一底的木结构民居中。古镇小巧玲珑，保存完整，码头、店铺、庙宇、袁家大院等原汁原味地保留了川南古镇的风貌和特色，具有较高的历史价值、艺术价值。2009年，狮市古镇被批准为四川省历史文化名镇。

1 \ 狮市码头
2 \ 狮市老街
3 \ 川主庙
4 \ 袁家大院

1

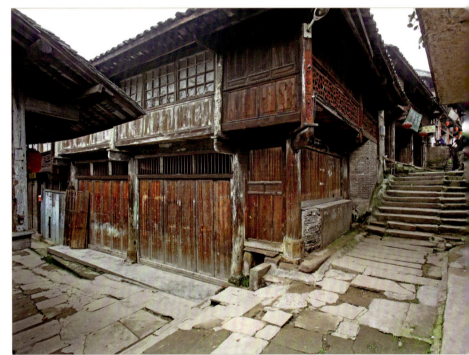

2

3

4

◆ 三·赵化古镇

赵化镇，位于富顺的南部，濒临沱江，因盐运与丝绸产业较为发达，成为富顺四大水码头之一。"一泉流白玉，万里走黄金。"清咸丰、同治年间和抗日战争时期，因"川盐济楚"，自贡地区的井盐生产和运销步入黄金时代，给沱江下游带来前所未有的商机，其中，赵化是受到极大实惠的场镇之一。盐船在赵化盘滩过坳或停泊起载，船夫、纤夫集聚于此，停留消费；陆路上过往的挑夫成群，马帮成队，无不在此歇脚。船桨穿梭，挑夫盈途，商贾云聚，客栈店铺鳞次栉比，庙宇会馆交相辉映。白天市声鼎沸，夜晚灯火通明。赵化随着自贡井盐之路的开拓而兴盛繁荣。其建筑布局自宋代起，迨至明清时期，逐渐形成七街四巷九宫，即以川南穿斗式建筑风格为主的房屋，酌配宫、庙、堂、祠于其间。建筑多为一层或二层，屋檐出挑深远，支撑形式多样，轻巧古朴，高低错落。楼沿多由流线型木条装饰，简洁大方，匾联甚丰，处处可见精致典雅的砖雕、木雕。坐落在西街中段的禹王宫，占地面积约2200平方米，是建于清道光二十六年（1846）的湖广会馆，大门高10米，斗拱重檐及两厢至今保存完好。2012年8月，赵化古镇被批准为中国历史文化名镇。

1 \ 赵化古镇
2 \ 赵化古镇码头

1

2

1

2

1＼赵化古镇老街
2＼顿邱世第当铺

◆ 四　长滩古镇

　　长滩镇，俗称长滩坝，地处富顺的东南部，依偎在沱江西岸，是自贡井盐运出境的最后一个水码头。自贡井盐陆路贩运至泸州，也必经长滩。清中后叶至民国时期，这里曾是一个繁华的码头，享有"金沙滩、银码头"的美誉，每天从内江来的糖船、自流井来的盐船、泸州来的日杂木材货运船均交汇于此，一时间人流如织，空前繁荣，形成了"四闸门、九宫八庙、三街六巷、四码头"的建筑规模和格局。目前，长滩古镇的老街和部分庙宇仍然保存较为完好。老街建筑结构为穿斗结构，屋面为悬山式，大多为小青瓦平房，部分为一楼一底小青瓦屋面，保存有木门、楼板、窗格、吊瓜等，极具川南民居特色。九宫八庙历尽沧桑，其中帝主宫建于清代，现存正殿，保存基本完整，宫内石雕石刻、撑弓木雕图案丰富而精美；天后宫建于清光绪年间（1871~1908），现存戏楼、正殿、厢房，其戏楼为现存不可多得的全木结构建筑；五显庙建于清乾隆十一年（1746），现存前厅、中殿、后殿，其建筑布局保存完整，单体重檐屋面及风火墙独具特色。另外，王爷庙、禹王宫、南华宫也尚留存有部分遗迹。

1＼长滩镇码头
2＼老街（东街）

1

2

1\ 五显庙
2\ 禹王宫

◆ 五·富顺豆花

　　富顺由于出产盐，又是交通便利的码头和驿站，与邻近地区的商贸往来频繁，人气非常旺盛，餐饮业极为发达，豆花这种新鲜食品自然就摆上了餐桌，成为盐工和商贾喜食的一道佳肴。富顺开采井盐的历史最为悠久，井盐煮制工艺十分成熟。其中一项先进的技术就是在井盐生产过程中下入"豆汁"以提纯井盐。因此，盐场上的黄豆浆需求量大增，灶房里增设若干磨腐设备，有的大井灶则专设有磨腐房。在盐场上喝豆浆也成为常事，久而久之，人们把井灶上的现成的"胆巴"水让豆浆凝固成豆花。经过不断实践，富顺豆花形成了一套完整的工艺。先用石磨把已经浸泡过的黄豆磨成豆浆，再将过滤后的豆浆精心熬制。按照大约1:8的比例调整用于凝固豆花的"胆巴"水或石膏水的浓度，待豆浆煮熟后，将配制好的"胆巴"水或石膏水兑入豆浆中，豆浆出现凝结后，再用微火煮一下，即成不老不嫩的富顺豆花。吃豆花，味道在蘸水。蘸水的做法非常讲究，通常要将新鲜辣椒捣烂制成"糍粑辣椒"，再加入特制豆油、麻油、芝麻、花生、黄豆、桃仁、南瓜子，洒上香葱或藿香丝等。在众多蘸水中，尤其以富顺刘锡禄豆花蘸水最为著名。"滚、嫩、绵、白"的富顺豆花配上精制的豆花蘸水，把富顺豆花推向了完美境地，自然得到了"富顺豆花味道长，吃下一口永难忘"的美誉。2007年3月，富顺豆花制作工艺被批准为四川省第一批非物质文化遗产。

富顺豆花

川黔古盐道

"蜀盐走贵州,秦商聚茅台",这是清代诗人郑珍在《吴公岩》诗中对过去贵州地区盐业运销情况的描绘。贵州在历史上素不产盐,作为"百味之首,食肴之将"的食盐均靠从周边产盐省份,如川、滇、桂、粤、湘等地输入。由于受地理环境和盐质诸因素的影响,以食用川盐为主。

早期淮盐、粤盐及滇盐在贵州食盐消费中均占有一席之地,川盐并没有确立"独尊"地位。由于有产量的保证,及地理上川黔的接近,川盐在贵州的销售面不断扩大,到乾隆时期,川盐销售几乎遍及贵州全省,"贵阳、安顺、平越、都匀、思南、石阡、大定、遵义以上九府州食川盐,镇远、思州、铜仁、黎平以上四府分食湖南所行之两淮盐……至乾隆中亦改,不食川盐者惟黎平一府云"。在《盐价说》中,明代田雯称,贵州食盐"仰给于蜀,蜀微,则黔不知味也"。还由于当时不通公路,陆运量小且成本高,川盐入黔主要依靠水运。川盐入黔大多由长江水道顺流而下,分别由永宁河、赤水河、乌江、綦江等水路输入贵州。

在过去贵州这样边远贫穷落后的地区,交通闭塞,运输困难,加上土匪横行,商贾裹足,所以经营零售的盐商、盐贩,将食盐视为奇货,任意要价,一度出现"斗米斤盐"的现象。

按川盐产销习惯称谓,产盐之地叫"场",销盐之地叫作"岸"。岸,即指引额规定销盐的区域。川盐立岸,始于清雍正年间计口授食之法,其时按人口日食5钱计算,以定引额,指定销区。在四川省内行销的地区叫"计岸",取其计口授食之意;在云南、贵州两省川盐行销的地区叫"边岸",取其销区窎远之意。

清乾隆元年(1736),四川巡抚黄廷桂将川盐入黔的水道确定为四大口岸,即仁岸、綦岸、涪岸和永岸。史云:"黔岸又分四路,由永宁往曰永岸,由合江往抵黔之仁怀曰仁岸,由涪州往曰涪岸,由綦江往曰綦岸。"此外,明政府曾以法律措施保障川盐入黔。

清代赤水河流域在川盐入黔的地位尤其重要。川盐入黔的两大销岸即仁岸与永岸都与赤水河关系密切。仁岸盐路主要取道赤水河的下游、中游,永岸的盐道主要沿着赤水河的上游。仁岸与永岸又彼此临近,犬牙交错,销区在黔西北大定府地域重叠。经此通道进入贵州的川盐,能保障黔北遵义、黔中贵阳、黔西北毕节、黔西南兴义等广大地区的食盐需求。正因赤水河流域的仁岸在川盐入黔中作用重要,疏通赤水河水道,增加运量,降低运输成本,平抑盐价就显得尤为重要。清乾隆时期,云贵总督张广泗曾多次上疏,倡导疏通赤水河道,以增加食盐供应。

民国时期,贵州食盐消费的格局基本沿袭清代,依赖于四川、江淮、广东等地。随着抗战的爆发,江淮、广东等地沦陷后,食盐供应基本上依赖四川,这种消费格局维持了相当长的时间。

在贵州经销川盐的盐商,主要分为"西"、"黔"两帮。西帮包括山西、陕西、江西等地的商人;黔帮指贵州盐商,加上犍为、乐山、富顺、隆昌、自贡、毕节等地盐商。资金雄厚的盐商云集,仅永岸一线,销、运两商就有五十余家,形成了几条成规模的商

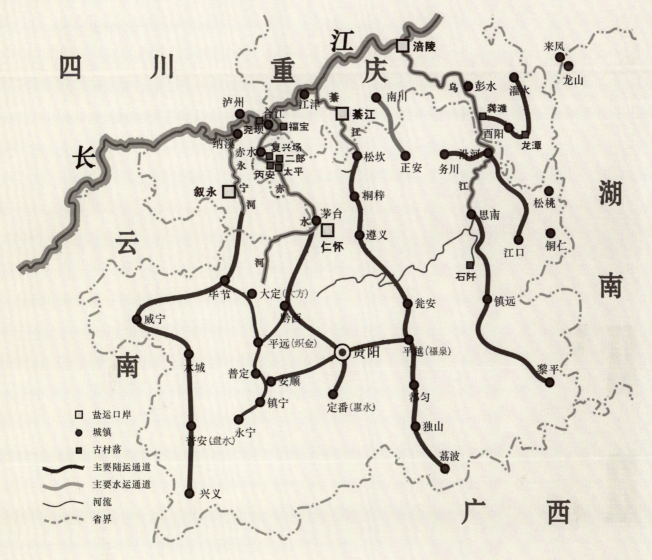

四川

重庆

江

长

泸州
江津
綦江
涪陵
来凤
龙山
酉
纳溪
尧坝
福宝
复兴场
南川
乌
彭水
灌水
赤水
二郎
太平
松坎
正安
务川
龙潭
松桃
铜仁
石阡
江口
镇远
叙永
宁
赤
河
水
河
桐梓
遵义
沿河
西阳
思南
仁怀
茅台
华节
大定(大方)
威宁
黔西
瓮安
永城
平远(织金)
贵阳
平越(福泉)
黎平
普定
安顺
都匀
镇宁
定番(惠水)
独山
普安(盘水)
永宁
荔波
兴义

云
南

湖
南

广
西

盐运口岸
城镇
古村落
主要陆运通道
主要水运通道
河流
省界

川黔古盐道示意图（赵迹 提供）

业通道。贵州往外运销铜、铅、煤、硫等矿产的路线
几乎与盐道一致。运盐进来的船只、人员，归途就
带走当地矿产，形成来回生意。

1927年以前，贵州省内尚无一条公路，交通不
便，运输困难。从綦、涪、永、仁四大岸出去，按规
定的线路由船运、马驮、人背等方式运到全省各地。
而各岸的运输方式也是有区别的。

从事船运的船夫一部分是专业的，另一部分则
是当地的农民。在这些盐道上还存在大量的纤夫，
这些纤夫平常都是当地的农民，有盐时运盐，无盐
时便务农。他们以此作为副业，每拉一次纤可得铜

钱四百多文，按当时的物价可换米一斗二升。

不通航的地段，山路崎岖，不能用马驮，只能
靠人背，这里土地贫瘠，人们种粮不够吃，所以都
以背盐为生，不论男女，七八岁时就开始背盐，一
直背到背不动为止。在背盐过程中还要受到大领头、
小领头的盘削，每天背盐起早贪黑。他们生活的艰
辛是可想而知的。

第一节
泸州

泸州，古称"江阳"，位于四川南部，与贵州、云南、重庆毗邻。长江从其境内穿过，并和沱江交汇于此，长江的部分干、支流就成了运盐的重要通道，在古代交通不便的情况下，当时的水道就如同今天的高速公路，决定着人员、物资交流的走向。凭两江舟楫之利，泸州自然就成了川、滇、黔、渝结合部的物资集散地。早在宋明时期，泸州即成为与成、渝齐名的商业都会。泸州境内的赤水河、永宁河就是当时蜀盐入黔、滇的重要通道，所以当时蜀盐输黔的四大口岸有两个，即"仁岸"、"永岸"，当时通过泸州境内仁岸、永岸的盐分为水运和陆运的方式交叉进行。

永宁河盐运水道

◆ 一·纳溪

1. 泸州纳溪与盐运

纳溪位于泸州境内长江南岸，永宁河在这里汇入长江，这里历来就是重要的水陆码头。诸葛亮平定南方，各民族归附蜀汉，派使臣岁岁来朝。从滇、黔入川，有水、陆两路，水路走永宁河抵江阳；陆路经乐道驿古道渡河往渠坝驿，再达云溪走泸州。这是当时联通蜀中至北方中原的主要交通干线，对于促进边防和内地的经济、文化、民族之间的交往起了重要作用。川盐通过长江在这里转运，通过永宁河输往贵州，所以这里就成了川盐输黔的重要口岸。

2. 乐道古镇

乐道古镇位于川南泸州纳溪境内，坐落于风吹岭下、永宁河东岸。据清乾隆二十四年（1759）编修的《直隶泸州志》载：乐道子场建于三国。据史料记载，乐道古镇在清代繁华一时，是川、滇、黔的要冲，也是重要的转运站，鼎盛时每日有200余只大木船在此装卸货物，有永宁河上第一大码头之称。当年，这里水路上通永宁道，转赤水，下达纳溪、泸州去重庆、万县方向。码头上大小木船无数，停在河湾，装百货、下山货、上盐巴、下药材、堆茶叶、下红糖、煤炭等，可谓应有尽有。

1\ 乐道古镇老街
2\ 乐道古镇码头
3\ 南华宫

1

2

3

3. 永宁河号子

永宁河，在历史上是叙永的运输命脉。川滇公路未通车以前，盐巴由纳溪到叙永口岸，全靠水运。这条河流，在抗战以前有大小木船约200艘，分为盐船和货船，盐船约占全部船只的80%。当时，大的盐船每船可载盐2～3引，约计130～140包；小的每船可载几十包至一百包。但因河道狭窄，水流湍急，船只常有失事危险。明杨升庵《咏永宁河》云："永宁三百六十滩，顺流劈箭上流难。"这是对永宁河滩多、水急的生动写照。

每一条河都有自身的水文特征，永宁河与长江不同，因为滩浅，所以有背船号子。船在江门上滩时，需要人工拉纤，有时一艘船要动用100多人才能将盐船拉上大滩。盐船行业，有纤夫3000余人，他们不分寒暑，长年累月地在这段150余公里的河流峡谷中艰苦劳作，弓腰曲背，哼着号子，一步一步地将上万吨的盐巴从惊涛激浪中拉到叙永起岸。至今河岸边的岩石上，还留有船工踏陷的脚窝和篙竿戳的密如蜂窝的石洞。"君看岸边苍石上，古来篙眼如蜂窝"（苏轼《百步洪二首》之一）。这是广大纤夫辛勤劳动的历史见证。正是因为有这样独特的自然和人文的背景，永宁河上的船工们创造了独特的永宁河号子，它伴随着沿途不同的水文、地理特征和船工们用力的大小程度产生变化，或急促或舒缓。起到了激励船工意志和纾解劳动疲劳的效果，也能统一劳动的节奏。

1＼永宁河老船工唱号子
2＼曾用于制作永宁河运盐船的桢楠

1

◆ 二 · 合江

合江位于泸州境内的长江南岸，赤水河在这里汇入长江。合江历史悠久，有2100多年的建县历史，是一个因盐运而兴起的重要驿站，以前整个赤水河流域都属于合江县管辖。自贡盐运销贵州的四大口岸中，合江到仁怀的仁岸，便是最重要的口岸。其他三个口岸的运销量都比仁岸小，归根结底是由通航里程与能力所决定的，从合江到赤水通行里程200公里，单船载重量50 ~ 80吨，均是其他三个口岸无法可比的。

合江现存的三条街，即马街、纤藤街、盐仓巷，均与盐运相关。马街因曾是马帮居住的地方而得名；盐仓巷，是囤积官盐的地方（赤水河不是一年四季都能通航，有时需要在合江囤积），盐仓巷也是盐工居住的地方。

合江早豆花也与盐运有关，盐工开工时间早，故豆花店很早就得将豆花做好，供盐工食用。这个地方习俗，是由盐帮带动起来的。

1 \ 合江码头的纤藤孔
2 \ 马街

1

1. 福宝古镇

福宝古镇距四川省合江县城42千米，是川、黔、渝结合部的历史古镇、商贸重镇，始建于元末明初，距今600多年，以庙兴镇，故名佛宝。元末明初，大漕河福宝古渡口成为川盐集散地。清康熙时因盐运而有新场，后来改叫福宝。福宝在历史上是一个重要的贩盐驿站，运盐主要是靠人工挑、背，用马比较少，相比沿河运输，翻过山顶去贵州路程更近。福宝到贵州的盐道有三条路：一是从富华山到遵义等地，二是从狮子山到叙永、仁怀等地，三是经塘山到先滩等地。到贵州后，再带贵州的茶叶、板蓝根及烟叶到福宝进行加工，加工后再从福宝外运销售。

据吴鹏全先生考证，这条古道早在唐宋时就是川盐入黔的近道。

福宝古镇回龙街是全镇现存最完整的一条古街，沿回龙桥而上，在大青石铺成的街道两旁，民房一间靠一间，回龙桥、三宫八庙、惜字亭等古建筑掩映其中，是当时最热闹繁华的地段。现存古建筑多系清乾隆至光绪年间修建，主要有"三宫八庙"等25处代表性建筑。福宝古镇地势群峰环拱、依山傍水，三流交汇、五桥贯通。因形就势的古民居鳞次栉比，饱含山庄之雄奇，洋溢水乡之旖旎。

2

1＼福宝古镇
2＼福宝古镇西河古渡码头
3＼福宝古镇盐道上的税卡

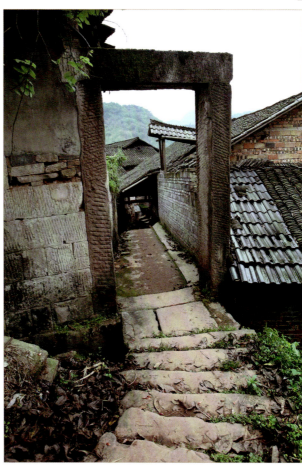

1

3

2

1＼福宝古镇老街
2＼福宝古镇万寿宫戏台
3＼福宝古镇火神庙

3

2．尧坝古镇

尧坝古镇位于四川省泸州市合江县境内。尧坝，历史上叫作遥坝，北宋皇佑时便是成都到贵阳的东大路这条"川黔走廊"交通要道上的驿站。泸州与赤水间未通公路时，川南、黔北的商贾往来和官方传书皆经尧坝，并在此停歇。尧坝驿站建立后，各路商贩云集于此，商品齐全，经济繁荣。尧坝古镇的兴衰与此路关系密切，尧坝没有水路运输，是一个典型的陆路驿站，20世纪50年代公路修建以后，尧坝开始衰落。

古镇现在还保存有长1千米的青石板古街道、市级保护文物古民居群、明朝古庙东岳寺、嘉庆大鸿米店、清进士牌坊、神仙古洞、尧王古墓等古代建筑。清末以来，大宗马帮货运多半是盐巴，以官盐为主，也有私盐。官盐多来自自贡，要运至贵州赤水的盐务局，途经尧坝时部分官盐会被私卖给尧坝商人。由于盐的销售利润较高，从清末起尧坝也有了自己的盐帮组织，专门从自贡贩卖私盐，由于逃避了官税，获利更大。

1 \ 尧坝古镇老街
2 \ 尧坝古镇周公馆
3 \ 进士牌坊

1

3. 先市酱油

先市酱油是四川泸州传统的名特产品，已有70多年的生产历史，久负盛名。先市酱油以黄豆为主要原料，采用传统工艺自然发酵，精心酿造，色泽棕红、味醇柔和、清香回甜、咸度适中、锅煎不糊、久放无沉淀、不生花、不变质，是酱油中的佳品，在川南、贵州一带颇负盛名。

现在的先市酱油厂位于四川省泸州市合江县先市镇的赤水河边，先市酱油的厂房叫三关庙（天、地、水三关，酱油需要靠天晒、地产豆及水质好），三关庙的前身是水神庙（船帮修建的祭祀场所）。贵州所产的铅、石灰、煤、桐油、生漆、靛蓝等入川要先运到先市，在先市时再带上这里的酱油回去贩卖。盐是酱油的主要调味品和原材料，先市酱油与盐和盐运均有密切的关系，所以有"酱由盐兴"的说法。

1 \ 先市酱油
2 \ 依偎于赤水河畔的酱油晒场

1

2

◆ 三·叙永

四川省叙永县，已有1000多年的历史，唐朝在这里置蔺州，元朝置永宁路，明设永宁宣抚司。这里不仅文化底蕴深厚，民风淳朴，而且商贸云集，历为边陲重镇、商旅孔道。盐、糖、铁业及其农副产品源源不断地经过这里运至毗邻的滇、黔地区，又将这些地区的山货土特产、药材通过泸州运往重庆、宜昌等地，此县属"鸡鸣三省"之地，素有"川南门户"之誉。叙永县从清雍正年间起，便成为了著名的川盐运销滇、黔的"四大口岸"之一，号称"永岸"。

据1998年版《叙永县志》记载："转运食盐、布匹、百货等至县内各乡镇和云、贵毗邻地区多靠人力、畜力。每天往返于路者约2000人，年货运量万吨以上。独特的地理位置和商贸的空前集散，形成了一种以马帮为主要交通工具的商贸通道盐马古道，再转运水、陆码头，均有抬工负责装卸和短途集运。永宁河的木船运输，上行以盐运为主。清乾隆初年运盐六七千吨。至民国三十三年运盐达1.06万吨。下行在清初主要运输滇铜、黔铅，年运量五六千吨。清代中叶至民国时期，改为主要运输农副土特产品。"

1. 春秋祠

外来盐商在叙永县形成陕西、山西、江西、贵州等几大盐帮，设立十三家盐号，商贸活动盛极一时。盐商中唯以陕西人最多，又邀约山西人成立"西帮"，几乎垄断了永岸。他们为显示自己的钱多势大，清光绪二十六年（1900），由山西、陕西盐商集巨资，便在叙永县城原关帝庙址上重建春秋祠，又称西帮会馆，主要供奉关羽。因关羽喜读《春秋左氏传》，故名春秋祠。

春秋祠主要建筑有戏台、回廊、看戏大厅、正殿、三官殿、暖阁、说书台等，共2500平方米。祠内所有的门楣、穿枋、窗棂、花牙、撑拱、柱础，不论木雕、石刻，图案都非常精美。整个建筑以精湛的木雕艺术著称，玲珑剔透的木雕琳琅满目，真可谓木雕艺术之宫。春秋祠建筑规模之宏伟，雕刻技艺之精湛，陈设之珍贵，耗资之巨大，均超出其他会馆。春秋祠具有典型的晚清宫庭式建筑风格，古朴典雅、结构严谨，堪称晚清建筑艺术的瑰宝，是南方古建筑的精品。现为全国重点文物保护单位。

其他来自贵州、江西、广东等省的盐商，也都分别在城内修建有会馆，如供奉许旌阳的万寿宫是江西人会馆；供奉南华六祖的南华宫是广东人会馆。

1\ 春秋祠
2\ 春秋祠戏台

1

2

| 雪山关盐道

2. 雪山关

叙永县境内的雪山关是泸州市级文物保护单位，海拔1900余米，西临赤水河，为四川盆地南沿高峰，因山顶长年积雪而得名，亦是古时由川入黔、滇的必经之路。明新都状元杨升庵因"议大礼"杖贬云南永昌卫，35年间往返川滇，就曾屡经此关，并写下了"雪山关，雪风起，十二月，断行旅"等诗作。该关处于山顶双峰之间，为明洪武年间垒石而成，东西寨门相去30余米。

自有川盐入黔开始，即有人工运盐和马驮运盐。

川盐从叙永进入贵州，共有7条路线，全长达2500多千米。7条路线都是小道羊肠，处于穷山恶水之间，由叙永至毕节、瓢儿井，要越雪山关，渡赤水河。川黔边界上成千上万的穷苦农民，为衣食所迫，世代充当运盐苦力。他们不分寒暑，终年负重回旋于悬崖绝壁之上，穿行于风霜雨雪之中，如蜗牛走壁，三步一挂，络绎于途。川黔古道的石板路上，留下的密如蜂巢的石窝，便是运盐工人艰辛劳动的历史见证。

雪山关关口

◆ 四·古蔺

古蔺为四川省泸州市所辖的一个县，位于四川东南部与贵州的交界处，赤水河流经其地。古蔺也是川盐输黔的一个重要区域，过去没有公路，各种物资除了人背马驮之外，大多由赤水河的木船运输。据《遵义府志》记载，赤水河通航始于清乾隆十年(1745)。当时贵州总督张广泗开修此河的主要目的，便是要把四川自流井的盐运进来，以解决沿河各县及部分邻县的食盐问题。在修河过程中，二郎滩到马桑坪一段，因河床狭窄，滩陡流急，两岸悬崖峭壁不时崩坍，阻塞河道，加之当时技术条件差，工程量大，结果没有修通。二郎滩到马桑坪这三十里路，仍然由人工运输，叫作"背过山盐"。这个地区，赤水河两岸十来里内，山高岩多，耕地面积很少，凡有劳力的人家，不分男女老少，都靠背过山盐生活。背盐虽是笨重劳动，但却解决了很多穷苦人民的吃饭问题。历代执政者，都有把二郎滩到马桑坪的河道修通的打算，使川盐由合江直运茅台，既省时又省工。但由于经济、技术条件不够，再加上有人认为修河通航之后，靠背过山盐为生的人，生活不好解决，当地便有"打通吴公岩，饿死黄荆坝"的民谣，多年以来这段河道一直没有疏浚。

太平镇

太平镇位于古蔺县东，距古蔺县城35千米，地处古蔺河与赤水河汇合处，依山傍水。太平镇街道呈阶梯状，很早以来就是川黔商旅聚集之地，素有"小山城"之称。

太平镇古街，是由数百级石梯组成，自山而下到河边，店铺小摊分设两旁，楼台木屋大多建于明末清初。赶集日，烟楼糖茶、水果蔬菜、山货鱼虾，商品繁多，人流如织。太平渡是川盐入黔必经之道，众多盐商涌入太平设号，到20世纪二三十年代，太平已经成为川黔滇地带极负盛名的商贸枢纽，商业的发达，也带动了当地民俗文化的繁荣。

太平镇

1

2

1\太平镇荣盛通盐号
2\太平镇称盐的砝码
3\太平镇江西会馆

第二节
重庆

重庆是长江和嘉陵江的汇合地，为长江上游最重要的水陆码头。此地四通八达，各地的各种物资、人员都在这里中转交流。它下属的乌江、綦河等河流也是川盐输黔、输湘的重要通道。贵州盛产的茶叶、良马，便是经川黔古道这条最便捷的路线北上中原的。川黔古道是唐宋时期茶马互市的主要通道。重庆三峡、四川南部盛产井盐。到了清代，川黔古道又变为川盐入黔的要道，称为"綦岸盐运道"，大量的川盐通过这条古道运送入贵州解决了贵州山区自古缺盐的问题，因此这条古道也被称为"盐茶古道"。

◆ 一·江津

江津区位于重庆市西南部，以地处长江要津而得名，是长江上游重要的航运枢纽和物资集散地，也是川东地区的粮食产地、鱼米之乡，同时也是重要的川盐输黔集散地。江津境内与盐相关的有：白沙古镇及该镇的盐商遗迹，支坪镇真武街、仁沱街。盐商对当地的教育和书院影响很大。江津有几大帮，盐帮、米粮帮、棉纱帮，江津帮对自贡是很有影响的，以前江津生产的盐锅供应到自贡地区，白沙镇以前有很多锅厂生产盐锅供应自贡等地区。另外，江津帮还贩运棉纱到自贡。江津有一个地方叫牛市，历史上一天交易500头牛，主要也是供应自贡等地。

马家洋房

真武街

江津区支坪镇真武是巴蜀商船入黔和黔船入蜀的中转渡口，是蜀盐、广柑和黔锅等商品的集散地。马家洋房是一个叫作马俊良的商人（主要贩卖棉纱和盐）在民国时期修建的住宅，洋房旁边就是盐仓，占地15亩左右。

在历史上，真武社区有三宫十八庙，现在仍保存有重庆市级文物保护单位马家洋房、天上宫、万寿宫、南华宫等真武客家会馆群。清末民国时，真武有7座城门，非常繁华，店铺是全天营业。每当傍晚，这里帆灯点点、桅杆林立、码头上人来人往，非常繁华热闹。

1

2

| 綦江东门口码头

◆ 二·綦江

重庆市綦江区位于四川盆地东南与云贵高原结合部，南与贵州省习水、桐梓两县相邻。綦江素有"重庆南大门"之称，是重庆南部重要的交通、物流枢纽。綦岸和东溪古镇在川盐运输史上具有重要地位，而綦岸作为川盐入黔的四大口岸之一，可直接南下深入贵州，抵达贵阳等地。

因为重要的水路交通因素及盐运的发展，綦江在历史上非常繁华，在宋代是重要的马市也有很大程度上更是因盐运而兴盛。乌江曾经有很长一段时间不能通航，故转而走綦江到贵州，对綦江航运的发展有着重要的促进作用。县城中现还留有沱湾码头、东门口码头和金铺堤。古镇东溪镇和郭扶镇是綦江境内最为重要的川盐运输所经之处，其中郭扶镇现存有50多千米的盐道。

綦江地区主要运输的是块块盐，又叫作巴盐。因为长途运输水路较多，盐遇水极易溶解，块块盐最大程度上解决了上述问题。此外，从使用和消费上来看，贵州等边岸地区，食盐不易，此地群众多采用涮涮盐等方式以节省用盐，块块盐也正好适应了贵州人民的这种用盐习惯。

◆ 三·东溪古镇

东溪镇位于四川盆地的东南边缘，地处綦江县南部，紧邻赶水边贸重镇，并与贵州习水县的寨坝、大坡等地邻接，是自贡为主的川盐经江津运到綦江后的重要水运码头。古镇东面的綦河可直达长江，上溯黔境；陆路交通也是四通八达。东溪藉此发展成为一个商贸云集的繁华水运码头。作为川黔要道的重要口岸，历史上东溪是川黔两地的重要盐运通道之一。自贡盐溯綦河运到东溪古镇王爷庙后，上岸走陆路转运至贵州。

东溪古镇，是中国历史文化名镇，建镇已有1300多年历史，原名叫作万寿场，始建于公元前202年。东溪镇现有保存较为完好的盐马古道、王爷庙、万天宫、南华宫、龙华寺、观音阁等历史遗迹；古桥众多，有太平桥、上平桥、永久桥、风雨廊桥等。明朝成化年间的川黔青石板古道穿场而过，3000余棵姿态各异的黄桷树生态群和明清穿斗结构的吊脚楼民居形成"小桥、流水、人家"的清幽意境，两碑、三宫、三瀑、四桥、六庙、九市修建在溪流左右的丘陵丛中，相对水平落差较大。街道依岩靠水，因地就势而建，聚散错落有致，有山回谷转、移步换影的妙趣。

1\ 东溪古镇码头
2\ 古道上的石桥

东溪古镇王爷庙

◆ 四·涪陵

　　涪陵位于重庆市东部，正处长江、乌江交汇处，有川东南门户之称；有承东启西和沿长江、乌江辐射的战略地位。

　　四川的盐巴，运抵涪陵后再行转运，溯乌江经彭水至龚滩后，盘滩转运、起盐换船后经沿河而达新滩，再次盘滩转运至德江潮砥；然后第三次换船抵达思南。早在公元前280年的战国时期，秦国大将司马错征伐楚国，正是从乌江与长江交界处的重庆涪陵逆乌江而上，直奔楚国黔中地，而战国时期黔东地区的沿河、思南、印江、石阡均属黔中地。由于盐运的拉动，大量川、陕商人进入贵州，在乌江两岸收购桐油、生漆等土特产，由乌江下运出黔。由此形成了一条乌江沿岸灿烂的历史文化经济带，盐油古道显著促进了乌江沿岸的政治、文化与经济繁荣发展，催生了一座座繁荣商埠。《长航史志通讯》第六期记载，乌江上运食盐是主要货种，贵州航运肩负着松桃、秀山、沿河、德江、思南、石阡等食盐运输任务，每年从涪陵发出上运食盐2500吨。

| 涪陵乌江航运码头

◆ 五·酉阳

1. 龚滩

龚滩位于乌江与阿蓬江的交汇处，隔江与贵州省沿河县相望，地处酉阳县、彭水县和贵州省沿河县的结合部，水陆交通便利，自古以来是川（渝）、黔、湘、鄂客货中转站，素有"钱龚滩"之美誉。

历史上，龚滩主要是因水陆的物资转换而发展兴盛起来的。在这长约2千米的狭窄地带，有背夫路、纤夫路、老盐路，留存了大量的与盐和盐运相关的物质和非物质文化遗产，如西秦会馆、古盐道、纤道、半边街盐仓、盐号、盐工号子及健在的运输川盐的老盐工，可谓百业俱旺，盛极一时。南来北往的商旅，都会在此打尖住店，上下码头。在清朝光绪年间最鼎盛时期，每天都有大约一千人的背夫奔波于船只与盐仓之间。龚滩是涪岸川盐运输黔东北地区的重要集散地。在龚滩古镇，至今还保留着家家户户挂"盐灯"的传统。

20世纪30～40年代的抗日战争时期，重庆成为战时陪都，是龚滩最繁华的时候，在龚滩出现了许多盐号，他们主要是从自流井买盐运到涪陵、重庆等地。后来逐渐在龚滩形成了"大业盐号"、"永盛盐号"、"茂隆盐号"、"顺昌盐号"等。

乌江边的龚滩古镇

2. 龚滩西秦会馆

龚滩是食盐的集散地，昔日盐号较多。龚滩西秦会馆始建于嘉庆十一年（1806），道光、光绪年间均重新修建。清光绪年间，陕西帮商人张朋九到龚滩开设盐号，重建"西秦会馆"，既作为同乡商人会聚之处，又作为议事、祭祀、娱乐活动的场所。

西秦会馆建筑利用地形高差顺坡而建，坐东向西，四合院布局，四周围有封火山墙。会馆大山门临街西开、高出石板街八九个台阶，相对于并不宽敞的街道，显得特别高大挺拔。会馆现存建筑有戏楼、正殿、厢房等。会馆戏楼、两侧耳房和左右厢房为两层，戏楼精巧别致，雕梁画栋。正殿建在较高处，为悬山顶，抬梁式结构，面阔五间，进深8.4、殿内空高8米。庭院用当地油光石板铺就，庭院宽27、进深6.7米。龚滩的西秦会馆以其独特的建筑造型和丰厚的历史文化底蕴成为研究乌江盐运文化不可多得的实物资料。

1 ＼ 龚滩西秦会馆内景
2 ＼ 盐仓

1

3.《永定成规》碑

《永定成规》，是为规范当时脚夫、力夫、夫头的力钱分配所立。此碑高155、宽83厘米，面对乌江，嵌于石壁之上，虽剥蚀较为严重，但仍能辨认50余字，意思完整。碑文内容说明了龚滩镇是川盐入黔的重要中转站，所转运之盐称"客盐"。碑文还记载了上下船搬运力价指定由何恒、郑昌信等人负责监督执行；每包盐上载船舱的运费为5文钱，从船上卸运并抬至盐仓则每包加6文；还规定所有脚夫须由盐号验保并登记造册，以防止成规紊乱。重庆市文物考古所考古队副队长林必忠说，《永定成规》碑是明朝万历元年（1573）龚滩山崩后，古镇货物转运兴盛的实物证据，对研究乌江流域贸易和航运史具有重要意义。

｜《永定成规》石碑

｜龚滩古镇川主庙

清道光五年（1825）《永定章程》碑

4. 龙潭古镇

龙潭古镇位于渝东南武陵山区腹地，处于渝、湘、黔、鄂四省交界地带。龙潭因伏龙山下两个状如"龙眼"的氽水洞常年积水成潭，古镇自"龙眼"之间穿过，形如"龙鼻"，因而得名。

龙潭历史悠久，古镇上有赵世炎故居、刘仁故居、万寿宫、"七宫八庙"以及吴家院子、王家院子、赵家院子、谢家院子、陈家院子、甘家院子等民居。古镇沿湄舒河而建，规模庞大，保存完好。现存3千米的石板街路面被行人踏磨得光可鉴人；50多座土家吊脚楼翘角飞檐，形态美观；街上店铺林立，巷道相互连通；封火墙壁垒森严，气势恢宏；四合院古朴幽静，颇具特色。另有四条小溪从镇区内穿过。

龙潭在乾隆年间运输业就很发达，凭借龙潭河、西水河之便，逐渐发展成为重要的商业集镇。当时就有仁和、先顺、双义、兴盛四大行栈经营山货输出及日用工业品输入，特别是供销湘西的川盐在龙潭设经理部，使之成为这一地区商业贸易的中心。因盐成就了"钱龚滩、货龙潭"的商业传奇。作为川、黔、湘、鄂四省交界处的一个重要商业集镇，特别是在清雍正、乾隆实行"改土归流"政策以后，沿着平稳而畅通的湄舒河（龙潭河）流域，本地人用船满载朱砂、硝石、盐巴、楠木、桐油、生漆等当地土特产由龙潭河而下；下江人用轮船满载日用商品逆流而上到达龙潭大码头，再走陆路运往酉阳各地。相互的交换贸易，使龙潭镇颇具规模。特别是在抗战期间，由于特殊的地理环境及良好的民风，龙潭镇的发展又进入了新的高潮期，一跃而成为仅次于涪陵码头的川东南第二大市场。国民政府的一些机构也迁到了龙潭，镇上人口激增至6万余人，曾一度被誉之为"小南京"。龙潭作为酉阳重要的水陆通商口岸，在2千米长的龙潭河岸就有9处大码头，由于货运发达，故有"货龙潭"的说法。

龙潭镇老街

1

1 \ 王家大院
2 \ 龙潭镇中码头
3 \ 吴家院子内景

3

第三节
遵义

遵义位于贵州北部，与四川、重庆接壤，也是南来北往的重要交通枢纽，有"川黔锁钥"之称。遵义在川盐销黔的过程中也占据着十分重要的位置，在川盐销黔的四岸之中，唯有途经永岸的盐运输路线既未经过今日遵义所辖的地域，也未在这一地区销售。其余三岸的运盐线路，都或多或少路经此区域，并负责供给其中部分县、市居民的用盐。这三条道路，沿途滩多路险，地形复杂，故历来运输因地制宜，采取水路舶运和陆路驿运相结合的办法交替进行，当时称这种联合运输的形式为水陆驿运。据有关史籍和资料的记载，上述三岸分段、分站、交错进行水陆驿运食盐的实况大抵如此。

◆ 一·赤水

赤水市位于贵州省遵义市西北部，赤水河中下游，与四川省南部接壤，历为川黔边贸纽带、经济文化重镇，是黔北通往巴蜀的重要门户，素有"川黔锁钥"、"黔北边城"之称。川盐通过四个口岸入黔，每年通过仁岸运销的川盐约650多万公斤，仁岸涉及今仁怀、习水、赤水三县。起初因赤水河道狭窄，且滩多水急，只能筏运。后经过多次凿石开滩，才逐渐有纤夫溯流拉木条船运盐入黔，经过仁怀境内流向遵义、贵阳、金沙、黔西乃至省内大部地区。

光绪四年（1878），四川总督丁宝桢发动四大口岸的盐商船民投资捐款，组织民工数以千计，历时三年，耗银两万余两，对茅台至合江段的三十多处险滩进行重点整治。开通茅台至马桑坪、二郎滩至元厚、元厚至赤水段航道。随着中上游航道的开辟和盐运的延伸，沿河转运码头迅速兴起，促进了沿河集镇的发展。

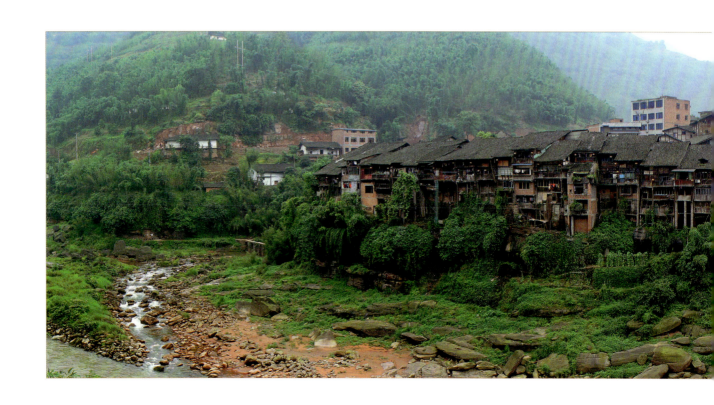

光绪三年（1877）仁岸盐商为四家，即：永裕降、永发祥、协兴隆、义盛隆，古称"老四号"，盛极一时，在川黔两省影响较大。民国四年（1915）因废除前清盐法，四大盐号先后歇业。民国五年（1916）仁岸运盐公司招商承办，组建新的四大盐号"新四号"，即：永盛隆、荣盛通、大昌荣、新记号，至民国七年（1918），盐制改行分厂分岸有限制的自由贩运后，"新四号"关闭。由盐场（商）自运到口岸，再由经销商运到省内销售，于是仁岸出现分段经营：合江至赤水、土城为一段，土城到鸭溪、金沙为一段，鸭溪、金沙到贵阳为一段，各段盐商数十家不等。随着仁岸各盐号的蓬勃发展，各集镇成为盐船云集、商贾汇聚、物资集散的码头和商埠，一派"满眼盐，争泊岸，收点百货夕阳中"的兴盛景象。

丙安古镇

丙安古镇，贵州赤水河畔千年古镇，旧时为赤水河航运相当繁荣的水陆码头，历来为川南入黔的古道上重要场镇，是商贾云集的重要场所，古称丙滩场。丙安古镇的发展和兴衰，与赤水河的航运史、盐运史密不可分。

数百年间，丙安古镇因居赤水河中游，凭借着丙滩水路天险和穿风坳陆路咽喉，成为了盐船云集、水陆分流、商贾汇聚、物资集散的重要码头和商埠。在明清以来的数百年间，河中上、下商船航行途中常在此停宿；陆路过往行人、客商也多在此歇足。既是赤水河中游与下游的分界地，又是过往商旅的食宿站，还是川盐水运转陆运的中转站。古镇内客栈、饭馆、茶馆林立，食盐、竹木、茶叶、毛皮、药材等物资交易频繁，赶集山民、驻行客商云集互市。

赤水丙安古镇

赤水丙安古镇东门

赤水丙安古镇东门

1

◆ 二·习水

1. 土城镇

　　土城位于贵州习水县的赤水河东岸，这里水陆交通便利，系"川盐入黔"的重要码头和集散地。土城至今还保留了与盐运相关的盐码头、盐号旧址、船帮旧址、戏院及庙宇等。土城的兴衰与盐业运销紧密地联系在一起，由盐业而带来的航运经济是古镇繁荣发展的重要动力。

　　赤水河盐道历史悠久，早在1900多年前的东汉时期即已开辟，至唐宋时期，赤水河航运开始兴盛。随着自贡盐业的发展和川盐入黔，船帮、盐号应运而生。川盐入黔的主要途径是水运，辅以陆路（马帮、脚夫）运输。运盐时分段运输，每个驿站都设有盐号，土城作为黔北重镇，同样也不例外。土城盐号在向赤水河流域上游地区运盐过程中发挥着十分重要的作用。

　　土城由于其重要的位置，各地客商频繁来往于此，车水马龙，人群熙攘，一派繁荣景象。在赤水河这条川盐入黔的重要通道上，沿岸各镇的经济相对比较繁荣，围绕着盐运业的兴旺，整条赤水河上的船运业也随之兴盛起来。

1 \ 习水县土城镇
2 \ 背盐巷
3 \ 船帮会馆

2. 土城盐号

现存土城镇长征街的"盐号"旧址,系赤水河古盐道上的大盐仓。属近代仿西式建筑,砖木结构,占地840平方米,坐南朝北,八字门,天井内有防火池,四周是盐仓,分甲、乙、丙、丁四仓,盐号内现在尚存当时交易的柜台、秤等。据《长征路上的运盐重镇——贵州土城》记述:清末至民国时期,土城盐号全称为仁岸川盐办公室委托大业公司办事处,主要经营者是陕西人,鼎盛时曾多达十几家,比较有实力的盐号有得千玉、德华龙等。每个盐号机构设置齐备,有经理、主任、掌柜、师爷、会计、出纳等各种职位。经理负责协调盐务,掌柜、师爷负责盐号各种事务,会计、出纳等与现代金融部门的工作性质相似。下设的各个部门都雇有民工,尤其是盐的装卸,都临时雇佣土城的老百姓,根据劳动强度的不同得到相应的报酬。盐号各分站与总站设有盐防军,以保证盐运安全和盐款的押送。各盐号把盐卖出去以后,所得的盐款,由盐防军押运至下一盐号,再由下一盐号继续押运,如接力棒一般送到盐业总部,形成了一个巨大的川盐销售网络。

1＼土城盐号大门
2＼土城盐号外景

◆ 三·仁怀

在川盐销黔的四大口岸中，仁岸就是凭借贵州黄金水道赤水河运销川盐的路线，其涉及现在的赤水、习水和仁怀3县市，位居川盐入黔四大口岸之首。

随着仁岸川盐入黔水运的兴盛，极大地促进了该地区经济、文化的发展，使之成为古代贵州经济、文化较为发达的地区之一。在当时，仁岸川盐入黔的兴盛还带动了许多其他相关产业，如筏运业、酿酒业和造船业等的发展，凸显了特色产业对地方经济、文化巨大的促进作用。

茅台酒是陕西盐商的附带产品，但它又成为陕西行商和坐商的重要商品。为了提高经济效益，陕西行商在多年的经营中，形成了双向经营，即做"来回生意两头赚钱"的经营方式。贵州茅台酒，成了他们回头生意中主要商品。

1. 马桑坪

马桑坪曾是赤水河上最重要的渡口之一。它位于贵州仁怀县马桑坪村，隔河与四川古蔺二郎地界相望。据记载，盐运繁盛时这里曾"舟楫穿梭"，留下了大量的盐运古迹。盐号、荒草石径，记录了马桑坪的历史变迁。随着交通的改善、盐运的没落，马桑坪已没有当年"水码头"的地位，但渡口、渡船得以保留下来。

1

1＼马桑坪华家盐号称盐法码
2＼华家盐号

2

2. 吴公岩

吴公岩位于贵州仁怀市沙滩乡境内，赤水河旁，因纪念清乾隆年间带领乡民疏导修浚赤水河的民间义士吴登举而得名。被誉为"小三峡"的吴公岩峡谷，南起马桑坪，北止两河口，全长4.2千米。这里两岸山势陡峻，河中水流湍急，险滩接二连三，号称"十里长滩"。十里长滩由16个滩组成。16个滩中，吴公岩滩山势雄奇险峻，怪石突兀狰狞，激流奔腾，漩涡不断，涛声如雷。这里曾是"川盐入黔"的最险处。

古盐渡位于吴公岩景区"美酒河"摩崖石刻之下，是赤水河盐运史的鉴证，距今有400多年的历史，曾经是繁荣之极的赤水河盐运渡口之一。该渡口在岩石上凿成，石梯经过风吹雨打，变得洁白如雪，

1 \ 吴公岩水道
2 \ 吴公岩

1

被称为"雪梯"。

　　合江水道运输自贡盐，是先将自贡盐水运到吴公岩，再在吴公岩盘滩过坳，之后再接着运往茅台，水运到茅台后，再起岸分若干陆运路线运往贵州各地。

◆ 四·遵义县

鸭溪镇

　　鸭溪镇位于贵州遵义市的西边。鸭溪镇自古就是一个经济比较发达的城镇，早在清代，鸭溪就是黔北四大集市之一，黔北西部最大的集市。鸭溪镇旧名兴隆场，与黔北打鼓新场（今金沙县县城）、永兴场（今湄潭县永兴镇）、茅台（今仁怀市茅台镇）齐名为"四大名镇"，为遵义县西部商品集散中心。明清时期，鸭溪镇是川盐从仁怀茅台岸（仁岸）转运刀靶水、遵义城的"旱码头"；光绪年间已成为黔北商贸重镇；清代至民国时期，鸭溪镇是川盐经赤水、仁怀，由鸭溪转口至贵阳的必经地。有三条运盐大道连接山里山外。一些遵义文人，曾留有文墨描述鸭溪古盐道文化，有"鸭溪缺盐，遵义无味"的说法。

1 \ 鸭溪镇古盐道盐运雕塑
2 \ 鸭溪镇古盐道

1

第四节
毕节

　　毕节位于贵州省西北部，乌蒙山腹地，乃川、滇、黔之锁钥，长江、珠江之屏障，是乌江、北盘江、赤水河发源地。川盐输黔分仁岸、綦岸、涪岸和永岸四岸。仁岸设在合江，綦岸设在綦江，涪岸设在涪陵，永岸设在叙永。川盐经永岸运入贵州，计分7条路线，其中就有两条经过毕节。由于毕节处于川黔滇要道上，又经过明代以来300多年的盐销岁月，所以自然而然地就成为永岸川盐集散地。

◆ 一·七星关

　　七星关位于毕节、赫章交界处，历来为黔西北重要的关口，是黔西北及云南地区食盐、铅铜等物资、人员往来四川、中原的重要交通节点。关上现存文物主要有《应星桥记》摩崖、七星关桥和夏曦烈士纪念碑等。1985年"毕节七星关摩崖"成为省级文物保护单位。

　　古代从毕节经乌撒（今威宁）至云南，必经七星关。明洪武十五年（1382），征南将军傅友德"城乌撒，得七星关以通毕节"。其后在此建关，驻重兵把守。关口刻有"黔服雄关"和"汉诸葛武侯祀七星处"等摩崖。永乐十四年（1416）曾在七星关修建"应星桥"，建桥摩崖碑记迄今犹存。该桥后来又几经毁修。1936年，大地主朱益斋为阻红军而毁桥。1939年修筑川滇公路，改为石磴钢架桥，上铺木板作桥面。1965年，改建为长50、宽6米的六孔石桥。现在毕节到威宁的高速公路横空跨越在这几座桥的最上面，形成难得的四桥共存的立体画面。七星桥的变迁反复说明了这里地理位置的重要性，同时也是贵州高原的桥梁史、交通史的生动再现，具有丰富的历史文化内涵。

七星关古驿道

◆ 二·毕节陕西庙

陕西庙，又名"春秋祠"，也叫陕西会馆，位于毕节市七星关区城区中华南路，始建于清乾隆年间。民众俗称"三旅舍"，原供奉以忠义写春秋的关云长，为陕西在毕节的商人所建。该庙由左、右临街门面、戏楼、大殿、左右厢房、钟鼓楼等组成。戏楼口的百子图浮雕，人物镌刻最深处有3厘米深，人物造型刀法精湛，神形兼备，惟妙惟肖，体现了明清时期毕节木雕工艺的最高水平。在戏台楼口上檐约80厘米的木枋上呈曲线形分为两层的木雕，有高浮雕、圆浮雕，其花卉图案和戏曲人物形像栩栩如生，堪称木雕中的精品。大殿后面有一块石碑，其上记录了清代修缮陕西会馆捐款的商号名单。整个建筑形制规范、造型秀雅、工艺精湛，具有很高的历史、艺术及科研价值。

老毕节城还有川祖庙（又名四川会馆）、寿福寺（又名湖南会馆）、万寿宫（又名江西会馆）、护国寺（又名湖北会馆）等会馆建筑，这些建筑总体反映出当时毕节万商云集的繁荣景象。

2011年9月，陕西会馆的保护和修缮工程正式启动。对大殿和戏楼损坏木柱进行修补和加固，维修工程达到了预期目的，使得陕西庙这一重要的盐运文化遗产得以完整地呈现在世人面前。

| 毕节陕西庙内景

◆ 三·瓢儿井镇

瓢儿井集镇地处川黔滇三省要道，其特殊的地理位置，雄踞黔境，锁钥滇蜀。清朝初年，瓢儿井便有"三省通衢"之誉称。自明末清初开始，四川、云南、湖南、湖北、陕西、山西等省商家就往来于瓢儿井集镇。20世纪30年代，瓢儿井街上大小店铺林立，购销两旺。房屋依山而建，鳞次栉比，有的地段房基逐级而上，多达五、六级。常住人口4000余户，人口超过12000。街上常是百日场，商人、学生、军人、街民、运盐人马常常伸街而爆满，分不清赶场天和闲场天。白日人声鼎沸，入夜灯火通明。热闹之声，十里相闻。春秋祠、黑神庙、寿福寺、财神庙、嫘祖庙、文昌阁、玉皇阁、万寿宫、川祖庙、观音庙10大建筑，或镶嵌于繁华街市之上，或建造于山坳绿荫之中，构思奇特，布局精当。瓢儿井集镇辉煌时期，经济繁荣，街容靓丽，人们称赞瓢儿井"白日千人拱手，夜晚万盏明灯"。

瓢儿井镇陕西庙遗址石雕

◆ 四·金沙

金沙县位于贵州省毕节市东部，是黔北重要的交通要地。金沙县地处贵阳、遵义和毕节"金三角"的关键节点，是乌蒙山和大娄山、乌江和赤水河的交汇点，形成了兼容水西文明和黔北文明的文化内涵和地理特征。

金沙县城关镇位于县境中部，原名打鼓新场，历史悠久。明末清初，由于外来人口不断增加，清顺治年间，打鼓寨开场，因东3千米有永兴场，故名为打鼓新场。九百年间，城关镇由一个驻兵营地发展成为黔北第一商业古镇。打鼓新场开场300年来，一直是川盐输黔的主要路线。建场后，散商、盐商在新场设盐行转运食盐，人背马驮，川流不息。打鼓新场成为官家指定的食盐运销口岸，出现了较大的商机，吸引了大批商人前来经营开发。随着打鼓新场调节食盐供求量的不断增大，来往于打鼓新场的马匹、脚头成百上千，形成七大盐号。因盐运而兴盛，清代乾隆、嘉庆年间，商业的繁荣和住商人口增多，打鼓新场发展为远近闻名的商业集镇，居"黔北四大商业集镇"之冠。到民国时代，已发展成为黔北四大集镇之一：即"一打鼓"（金沙县城）、"二永兴"（湄潭永兴）、"三茅台"、"四鸭溪"。四川自流井生产的川盐、上海等地的洋布（机织布）、毛线等各种产品，由商人源源不断运抵茅台，又由茅台用人背、马驮经金沙、鸭溪、桐梓，分别运销黔西、滇东北地区，再经遵义转运至黔东北和湘西的余庆、瓮安、务川等县。又从上述地方捎回头货，包括桐油、菜油、生漆、药材、水银、大米主要供茅台等商品，在茅台船运合江、重庆、武汉、上海再转口各地。金沙县城里还保存了盐碉遗址、盐号和古盐道等盐运遗迹。

金沙县清池镇万寿宫

1

2

1\ 大定坡盐硐遗址
2\ 金沙县渔溏河石碑
3\ 盐道上的牌坊

第二章 川黔古盐道 152 第四节 毕节

3

◆ 五·金沙盐号

　　金沙盐号位于县城关镇罗马街上，罗马街原来叫骡马街，该街以前有多处骡马店，并大量贩卖马掌、鬃绳，是一条青石铺成的繁华街道，形态类似北京的小胡同。这个盐号当时是很大的一个院子，周围一共建了四个大盐仓。从该建筑宏大的体量和众多的房屋、精美的装饰上来看，不难想象昔日商贾结队往来于新场的繁荣景象。该盐号保存较为完好，内有石砝码等当时经营盐业的物件。

| 石砝码

◆ 六 · 五里坡盐道

　　金沙五里坡盐道位于金沙县城西部，与县城里的老街罗马街平行，也与盐运方向一致。背盐的从仁怀、茅台方向进入，经五里坡古盐道到金沙县罗马街。在五里坡古盐道上有四至五个牌坊，形成牌坊群，但是现在均已损毁；现在五里坡古盐道仍然保留着当时由石板铺成的模样，宽2米左右，保存较为完好的约2千米，有清晰可见的马蹄印等痕迹，是保存得较为完整的古盐道。

| 五里坡盐道上的打杵印迹

第五节
铜仁

铜仁位于贵州省东北部，武陵山区腹地，东邻湖南省怀化市，北与重庆市接壤，是连接中南地区与西南边陲的纽带，享有"黔东门户"之美称。早在宋代就有湖南、四川、江西的客商来此贸易；明、清时期，更是"商贾樯帆、络绎不绝"，有"黔东护商栈"之誉；清末民初，铜仁滨河"船舶往来，日凡数十百号，商务不衰。外来商贾在铜仁开设洋行五六家"，城内有大中商户400余家，成为黔东和川东一带的各种土特产和汉口等地工业品的集散中心和销售市场。中南门、西门几大码头商旅辐辏、异常繁荣。中南门曾是铜仁著名的码头和繁华商业区，以八大商号为主的大小商家，主要集中在这一带。

◆ 一·沿河

沿河土家族自治县位于贵州省东北部，地处黔、渝、湘、鄂四省（市）边区结合部的乌江中下游。水上交通快速、便捷，上抵遵义、余庆，下出涪陵直达重庆或江、浙、沪等地区。沿河区位优势明显，是黔、渝、湘、鄂边区物资的集散地，素有"黔东北门户，乌江要津"之称。沿河县沿乌江分东西两岸，历史上的河东号（盐号）、河西庙均有10多处。运到沿河的盐，主要分销务川和道真。

乌江在沿河境内航段，上起七里滩，下至小旁滩，长132千米。新中国成立前，乌江航道是沿河唯一的交通动脉，川盐由四川涪陵运至龚滩，转载运来沿河，分售到湖南的花垣、凤凰、麻阳，四川的酉阳、秀山，贵州的铜仁、玉屏、石阡、思南、江口、印江、松桃、德江等地，沿河一度成为"内销盐运"的集散地。沿河所需的百货、五金、糖、烟等物资皆仰给于外部输入。沿河的大米、玉米、黄豆及桐油、野生药材等农副产品，每年亦有大宗外销，乌江航运在这段时间盛极一时。

沿河码头

◆ 二·思南

思南县隶属于贵州省铜仁市，位于贵州省东北部，乌江中下游的交界处，是乌江通航河段的最上端，向南水路可通石阡，陆路可达岑孔、镇远、凤岗、遵义等地。《思南府志》载："乌江下通蜀、楚，舟楫往来，商贾云集。"元末明初，大量外地移民迁入思南，以陕西、江西最多，如今的思南人，许多人的祖籍都是陕西与江西。因为经济繁荣，元代在思南设置宣慰司；明永乐十一年（1413）思南在全国率先改土归流，并设置思南府，繁荣至今。

自明清以后，思南便成为盐、棉纺、百货和当地土特产的集散地。各路商贾云集，货运繁忙，市场繁荣。据统计，清嘉庆前后，先后有江西、湖南、湖北、四川、山西、广东等省客商来思南城设立庄号、建立会馆，经营当地的木材、桐油、布匹等商品。特别是盐号财力雄厚，影响很大，带动了境内塘头、许家坝、文家店等场镇的发展。嘉庆、道光年间，陕西

| 思南王爷庙

商人在塘头开设有十大商号，被时人誉为"小南京"。在外地客商的影响和带动下，到民国年间得到进一步发展，各种商业行会纷纷涌现。

　　思南，是乌江水运运盐的终点，之后转入塘头古镇（乌江和石阡河）的汇合处，再通过陆运在塘头镇转运。塘头码头是陆运的起点，是贵州历史上的三大重要码头。在明代万历年间石阡河才开始疏通通航，水很浅，滩多，主要是依靠传统的挑、背和马驮。驮帮，一般是由四五个人和几十匹马组成。背，是用尖尖背篓背运，有打杵这一特殊的工具用于歇脚。一般扛120斤左右，走累了，就靠在壁上休息。在过去，思南很多人吃不起盐，有的穷人挑一挑柴卖了只能换得指头大小一点的盐。在炒菜、做汤时，只是涮一下，思南叫做"打滚盐"。

思南万寿宫戏楼 |

◆ 三 · 周家盐号

周家盐号位于贵州省思南县城内，建于清朝道光年间，乌江西岸，坐西向东，由石库门、对厅、两厢、正房、厨房、盐仓、花园和天井等构成。盐号大院是一个古典的封闭式四合院，共有大小居室30多间，占地1500平方米。周家盐仓有3个，大、小盐仓和侧盐仓。食盐是最怕屯放在潮湿的环境，老宅盐号建造很有考究，房屋都建在高于地面的平台上，可防潮，科学的排水系统和消防设备堪称一流。它曾是周家用于食盐贩运、销售和居家的大型宅院。

现在还居住在"周家盐号"的是70多岁的周业洪，他是周家第三代后人。据他介绍，周家祖先为建盐号，曾历时3年、拖坏3条木船、穿烂3双钉鞋，这些创业往事是刻骨铭心的。在交通不便的过去，贵州人吃盐主要靠江上运输。建在乌江边上的"周家盐号"因此应运而生。卢家码头有石台阶直达"周家盐号"的大门。

周业洪介绍：周家祖籍是龚滩，并且在龚滩、思南有600多年的盐运史。民国初年，周家盐号是一条龙服务，比较成规模，管吃、管住，有专人负责订货、办手续，有专人管账、会计、收账办事讲诚信，说好什么时候启程就什么时候，有专人联系市场和背夫、挑夫，沿河背夫多，而在思南是挑夫多。在清朝和民国时期，政府分别发了一个政府承认的标准度量器——砝码给周家盐号，现在仍在周家院子里。

从涪陵到思南运盐，最短需要两三个月，最长时则达到半年。因为滩多，需要转运和盘滩过坳，船工很苦，所谓的世上有三苦，"船工、打铁、磨豆腐"。思南运盐的人很苦，有这样的说法：盐巴老二三碗米，半夜三更就走起。运盐的时候，踩到了别人的庄稼等，要用盐巴来赔偿，也侧面说明了盐巴的重要。

| 周家盐号全景

周家盐号内场

第三章
川滇古盐道

　　云南本产盐，但是滇东北的昭通、曲靖地区距云南的盐产地道路险远，是滇盐较少输入的地区，这些地区的民众食盐短缺，主要依靠川盐接济。云南会泽、巧家、昭通、永善、绥江、鲁甸、大关、镇雄、彝良、盐津、宣威及丽江等地长期食用川盐，是川盐在云南的主要销区。运往云南的川盐，主要是产自富荣盐场、犍为盐场、五通桥盐场及凉山彝族自治州盐源的食盐。据史料记载，早在明洪武元年（1368），自贡井盐便运往云南昭通、镇雄地区。

　　川滇古盐道，主要有三大路线：一是乌撒入蜀旧路线，即叙永 — 毕节 — 威宁 — 宣威，再从宣威运至沾益、富源等地。二是大致沿着"五尺道"的路线运输，即宜宾 — 珙县 — 高县 — 筠连 — 盐津 — 豆沙关 — 大关 — 昭通 — 鲁甸 — 曲靖。这两条运输路线的食盐主要来于自贡的富荣盐场和乐山的犍为、五通桥盐场。三是"润盐古道"路线，四川凉山彝族自治州盐源县以白盐井和黑盐井为主要产地的食盐，经西昌、攀枝花、木里到达云南宁蒗、永胜、华坪及丽江。调查发现，上述三条川滇古盐道与南方丝绸之路、茶马古道、石门道、五尺道及明清时期滇铜京运的部分路线是高度重叠的。

　　调查组主要选取了四川宜宾、凉山及云南曲靖、昭通、丽江作为川滇古盐道的调查点，发现沿线有众多的古盐道、关隘、古镇、古村落、老街、会馆、驿站等文化遗存，而且民族文化风情浓郁，具有较高的历史文化价值。

西藏

怒

江

国界
省界
河流
主要水运通道
灵关道
闰盐古道
蜀身毒道
五尺道
其他陆运通道
重要产盐地
盐运古镇

出境至掸国(缅甸)身毒(印度)

腾冲　　保

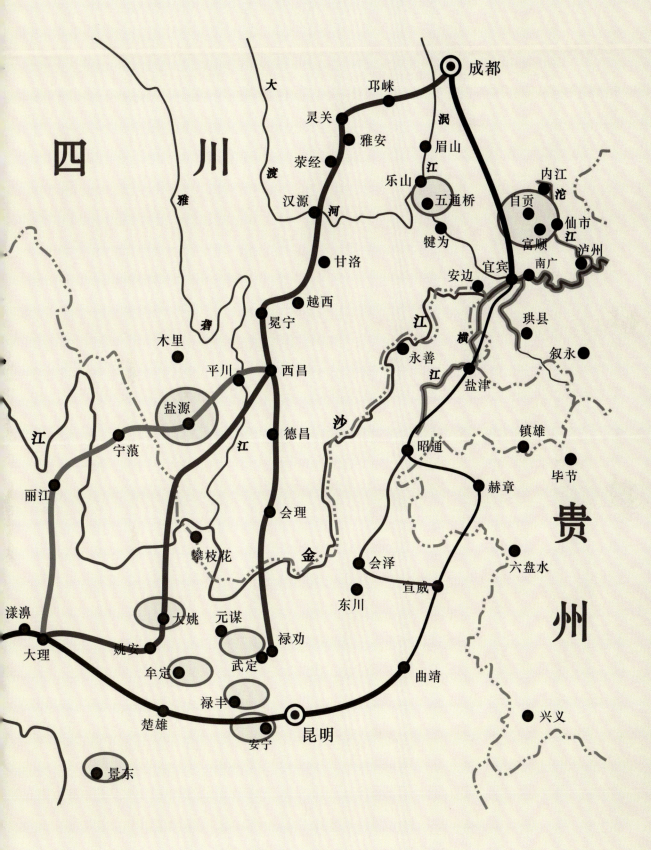

四川

贵州

大渡河

雅江

大理

漾濞

丽江

宁蒗

木里

盐源

平川

西昌

冕宁

越西

甘洛

汉源

荥经

雅安

眉山

邛崃

灵关

成都

岷江

乐山

五通桥

犍为

内江

自贡

仙市

富顺

泸州

南广

宜宾

安边

珙县

叙永

永善

盐津

镇雄

昭通

赫章

毕节

会泽

六盘水

宣威

东川

会理

德昌

攀枝花

大姚

姚安

牟定

元谋

禄劝

武定

禄丰

楚雄

安宁

昆明

曲靖

兴义

景东

金沙江

横江

沱江

川滇古盐道整体示意图（赵远 绘）

宜宾

被誉为"万里长江第一城"的宜宾是长江上游开发较早、历史悠久的城市，古称"僰道"、"戎州"、"叙州"，位于四川省南部，川、滇、黔三省结合部，东靠长江，西接大小凉山，南接云南，北连川中腹地。自古以来，宜宾就是川南、滇东北一带重要的物资集散地和交通要冲。宜宾作为历史上著名的"五尺道"的起点，亦是川滇古盐道上重要的食盐转运枢纽。

1 \ 榨子门码头
2 \ 南广古镇古街道

◆ 一·南广古镇

南广古镇位于宜宾市翠屏区南部沿长江而下约3千米处，有"万里长江第一镇"之称。南广河是长江上游的支流，是古时云南货物借道长江的重要水路。《华阳国志·南中志》记载"自僰道、南广有八亭子（邮亭、驿站）"。古镇因便捷的南广河水运而商贸兴盛，历史时期主要转运的物资是川盐和滇铜等。南广古镇的核心历史文化区域位于陈塘关社区，面积约0.3平方千米，有顺江街、南江街、兴隆街等大小9条街巷，古街所遗存的古建筑约5000平方米。在南广河汇入长江的地方，是一度成为水运繁华之地的榨子门码头，为清朝及民国时期进出宜宾珙县、筠连县、高县、江安县、长宁县及兴文县的重要水运码头。南广

河在接入长江口约2.5公里的河段处，是一段落差极大的河谷，运输货物要在南广河左岸的河坎上近2.5公里的陆路上作转运，这条路成为深入南广河中上游纵深地带的中转带。作为这条古道终点站的榨子门码头在清朝时期就热闹非凡，一方面云南的铜矿、粮食等物资通过这里运送到长江航道各码头；另一方面，盐巴、棉花等生活物资又从这里转运到云南。古镇遗存了一块清道光十年所立的碑刻，碑文中刻有"盐单"、"京铜局"等文字，可佐证南广古镇与盐运、铜运的密切关系。流传于南广河域的船工号子，其起源和发展与南广河大量食盐、铜等物资的运输紧密相关，是南广盐运文化的有机组成部分。

1

2

◆ 二·筠连五尺道

五尺道是秦王朝修建的西南地区的官道，历朝历代又在此基础上进行了维修或扩建，起于宜宾，由南广河、关河而下，经宜宾、高县、筠连，至云南盐津、昭通、曲靖而止。筠连县境内现存两段代表性五尺道遗址，即筠连镇犀牛村段五尺道和筠连镇至巡司镇段五尺道。

犀牛村五尺道建于明代，占地面积约1950平方米，南北走向，全长1300米，道路宽1～2.5米之间，原为高县蕉村到筠连县城的必经之道。从凌云关沿山而下，道上铺筑石灰岩石板，沿途经犀牛村进入莲花坝大道。

据《酒都文物》（下册）记载，筠连镇至巡司镇段五尺道位于筠连镇柏杨村和巡司村，建于明代，分布面积约6120平方米，大体呈西北—东南走向，清咸丰年间进行过局部维修，为宜宾至云南一段古代商贸之道。从柏杨村水塘组山坡下穿卡子至巡司村水泥厂，顺山而建，蜿蜒曲折，长约3600、宽1.9～15米，由石板或鹅卵石铺成，至今完整保存长约400、宽约0.3米的排水沟。2012年，四川省人民政府将上述两段五尺道公布为省级文物保护单位。

犀牛村段五尺道

◆ 三·隐豹关和凌云关

隐豹关和凌云关是筇连五尺道上重要的关隘遗址。隐豹关位于筇连巡司镇巡司村平桥湾与筇连镇柏杨村水塘坡交界的山坳处，建于明代，占地35平方米，坐东向西，为古代宜宾至云南茶马古道的收税关卡。据当地村民讲述，在民国时期曾大量运盐，非常繁忙，主要是由云南的彝族和苗族人到四川背运。筇连县人民政府于2010年将其公布为县级文物保护单位。

凌云关位于筇连镇犀牛村，建于清代，坐西南向东北，占地120平方米。建筑墙体用石块砌成，南北有三道门框，均用条石砌成，券拱形，门已毁坏，现存门栓孔。此关横座于高县到筇连交界处的一个山坳里，是进出筇连的四大关口之一，也是清代筇连所设的官方税卡之一。四川省人民政府于2012年7月公布为省级文物保护单位。

隐豹关和凌云关是宜宾目前保存最完好的古代关隘，对研究川滇"五尺道"沿途交通、防务、商贸等具有非常重要的历史文化价值。

1

2

1＼隐豹关
2＼凌云关

◆ 四·筠连腾达镇码头及王爷庙

　　筠连交通侧重陆路，水路能通航的是南广河及其支流镇舟河，镇舟河在腾达镇汇入南广河，腾达镇可谓是筠连的水运中心。腾达码头旁与之一街之隔的即是王爷庙。南广河河段有沐滩、趱滩、南广三处险滩，不能直接通航，故称罗兴渡至沐滩为上站，沐滩至趱滩为中站，趱滩至南广为下站，各站之间需要"盘滩"转运货物。因中转多、时间长、耗费大，造成运输成本高、风险大，故船主和水手在腾达和南广都集资修建了王爷庙，以祈求航运平安。当年腾达码头每天过往船只上百艘，商贸繁荣，建有九宫十八庙，王爷庙即为其中之一。今仅存前殿，为清道光年间修建。前殿有楹联："僰道乐中流，圣泽光昭符黑水；犀山遥供翠，神威显赫镇腾龙"，横批"南川巨镇"。当年繁华，可见一斑。

腾达王爷庙

第二节
昭通

昭通，位于云南省东北部，曾是中原文化进入云南的必经之地，为"南方丝绸之路"的要冲。因区位等因素，昭通是云南历史上受中原文化影响最早的地区，是中原王朝在云南最早设置郡县的地区。公元前3世纪中叶，秦蜀郡太守李冰开凿宜宾通往滇东北的僰道，秦始皇时派大臣重修，由僰道经昭通直达建宁，始称"五尺道"。"五尺道"像一条文化的脐带，把内地与边疆地区的昭通联结在了一起。古代的昭通作为内地通往云南的桥头堡，中原文化、巴蜀文化、夜郎文化、滇文化在这里交融激荡。清代昭通已成为川滇之间古道上的重要枢纽和滇东北重镇。

◆ 一·盐津豆沙关

豆沙关，古称石门关，位于盐津县城西南22千米处，是古时由蜀入滇的第一道险关，为四川进入云南的交通要道，秦、汉"五尺道"的要隘。唐朝时，天宝年间战争爆发，南诏叛唐后，石门关便关闭了。到了袁滋受命赴南诏去册封异牟寻，才重新打开了石门关。豆沙关处在五尺道的咽喉位置，关内为中原地界，关外则为蛮夷之地。豆沙关古道，现存长约350、宽1.7米左右，是迄今秦五尺道上保留最长、最完好、马蹄印迹最多的古驿道。豆沙关还有著名的唐袁滋摩崖、"僰人悬棺"等文物遗存。豆沙关区位突出，地形特殊，僰道、五尺道、南夷道、石门道、南方丝绸之路在此交叉重叠；古老的关河水路、秦开五尺古道和现代的滇川公路、内昆铁路、水麻高速公路在

这里束集并行，构成了独特的交通奇观，被称为
天然的"中国交通历史博物馆"。

豆沙关铁路、高速公路、关河河道、一般等级公路交汇处

1

2

1＼豆沙关古道

2＼豆沙关古道马蹄印

◆ 二·盐津高桥村五尺道

　　高桥村五尺道，位于盐津县高桥村古坟社，始建于秦代，历代均有维修。现存古石桥一座，横跨在山谷之间，两侧山峰高耸，峡谷幽深，桥下是一条小溪，故取名"高桥"。这座桥建于清同治年间，是单孔石拱桥，其选址十分科学，在两座山之间的溪口，两侧岩壁坚固，在岩壁上面直接起拱。遗存的古道长约80、宽约1.5米。古道为梯级路面，较光滑，留有马蹄印，拐弯及险要处的马蹄印尤为明显。经此段五尺道向北行进十多公里即到四川境内，是五尺道的重要组成，对研究南方丝绸之路亦有较高的价值。

1

1 \ 高桥
2 \ 高桥五尺道

2

◆ 三·昭通古城

昭通古城是目前唯一最具规模、成片集中反映昭通历史文化和地区特色的传统风貌区，是昭通传统市井文化、传统街巷风貌保护较好和街巷最密集的区域。古城建筑在200多年的发展中，吸纳了官式建筑、庙堂式建筑、民居式建筑等方面的精华，融入了昭通当地民居建筑风格和生活居住文化习惯，逐渐形成了以清代建筑为主体又包含中西合璧建筑形式的多元建筑风格。昭通古城核心区，以辕门口为中心。辕门口为东南西北中轴线的中心，是全城的制高点。昭通老城有四门，东为抚镇门，南为敉宁门，西为济川门，北为趣马门。到20世纪30年代中叶，

城内已有大小街道64条。古城曾一度遍布各地会馆，是远近闻名的"会馆之都"，有川主庙、陕西庙、雷神庙、妈祖庙以及两广会馆、两湖会馆、云南会馆、贵州会馆等十五个规模宏大的会馆，形成了丰富的古建筑群落。历史性街区，包括福禄街、怀远街、永固街、文渊街、启文街、崇义街、文化街、达智街、集贤街、薄济街、德育街、和平街等，是昭通历史文化、传统民俗的精华所在。此外，昭通城区还遗存了文渊街大成殿、南华宫、霍承嗣壁画墓、孟孝琚碑等重要的历史文化遗存。

1＼万寿宫
2＼孟孝琚碑

1

2

陕西庙

◆ 四·昭通陕西庙

陕西庙位于昭阳区永安街,建于清乾隆二十四年(1759),属陕西客民所建,又称西秦会馆。民国八年重修,改称为西北五省会馆。占地面积约2800平方米。前有石质"忠义坊",已毁。正殿为歇山顶式建筑,前殿为卷棚顶,进门的门楼上方是一座用于唱堂会的戏台。该建筑的主要特点是采用了中原建筑风格,整个布局气势宏大,对应了中国传统建筑四合五天井的特点,是比较典型的中国传统建筑,平面组合,总体方正,强调对称,中轴明确。在中轴线上布置主要建筑,四周以廊墙及其他建筑组成,有纵深,有层次,整个建筑造型秀雅、工艺精湛。1980年,陕西庙被列为昭通市文物保护单位。

第三节
曲靖

曲靖，位于云南省东部，东与贵州省、广西壮族自治区毗邻，南与文山壮族苗族自治州、红河哈尼族彝族自治州接壤，西与昆明市连接，北靠昭通市和贵州省毕节市，是"边疆中的内地"。曲靖素有"滇黔锁钥"、"云南咽喉"之称，是云南省的重要工商业城市，是川盐入滇的重要区域。

◆ 一·会泽会馆群

明清时期的会泽古城是以铜商文化为主的多元文化带来空前繁荣和商贸流通的缩影。"滇铜甲天下"，明清时期会泽作为滇铜的最大集散中心和铜产品加工与铸币中心，商贸空前繁荣。会馆建筑群是会泽历史文化和铜业开发的重要历史文化遗存，主要由江西会馆、湖广会馆、贵州会馆、云南会馆、江南会馆、福建会馆、陕西会馆和四川会馆组成。铜业的发达，各地商人涌入会泽，形成了不同地域风格的"会馆文化"。从会泽陕西会馆中，充分反映出陕西商人到会泽经营铜矿和食盐的情况。陕西会馆始建于清乾隆年间，由会泽的陕西人出资修建，占地约5000平方米。明清时期，许多陕西商人到东川府（驻会泽）经商，把东川的铜、药材、山货运往四川、陕西等地，又把四川的盐巴、陕西的土布运到云南出售。据清嘉庆元年陕西会馆所立《关中众姓捐资修建三皇阁碑》记载，关中众姓在会泽开设的各类铺号一共90户。2006年，会泽会馆建筑群被国务院列入第六批全国重点文物保护单位名录。

川盐文化卷图录

1

3

2

5

1＼四川会馆
2＼陕西会馆
3＼贵州会馆内景
4＼云南会馆
5＼江南会馆

◆ 二·会泽娜姑镇蒙姑坡古道

蒙姑坡古道位于娜姑镇西的盐水河峡谷内，现存路段由小江口四级电站至小田坝一段，全长10余千米。古道沿盐水河峡谷北岸开凿，随山势盘旋而上，路面一般宽2米，弯道危险处宽3米。其中石匠房山涧桥头一段的古道开凿在悬崖之上，其间有一条长约1.5千米人工凿石隧道，路面宽度约1.5、高2米有余，"悬岩不可栈者，斧凿之。山涧不能船者，桥跨之"，工程浩大艰巨。蒙姑坡古道，于清乾隆五十二年（1788）修筑，历经四载完成，开凿通畅之后，行程缩短10余公里，为巧家方向各矿厂的

铜汇集东川府城提供了较好的运输条件，也为滇川两省食盐、粮食等物资交流提供了便利。《刘公桥路碑》对该驿道有这样的记载："螳狼（琅）一邑，幅员辽阔，壤接川黔，固商旅辐辏之区也。而岁赋京铜不下数百万，尤于运道为扼要焉！奈地多崇鸦峻岭，山重水复，令人同磋：蜀道之难者，其处盖不一而足。"可见该道的重要和艰险程度。

1 \ 蒙姑坡古道（会泽文管所提供）
2 \ 蒙姑坡古道（会泽文管所提供）

◆ 三·会泽娜姑镇白雾村

娜姑镇白雾村，是历史上滇铜转运到京城的重要驿站，是金沙江畔的古村落，被誉为"中国万里京运第一村"。白雾村文化遗产丰富，古迹众多，娜姑镇绝大部分古建筑均集中于此。明清时，白雾村已十分繁华，各省前来押运、采购铜的官员特使、商人等常驻于此，并建起了会馆、祠堂、庙宇等10余座，商号150余家。早在西汉时期，白雾村就是军商往来

的要道驿站，是古螳螂县开发较早的地区之一。明朝中后期东川府铜矿的开发，白雾村成了会泽西部的商贸重镇，形成了南铜北运的大站和明、清两朝铸币铜料的主要供给地。白雾村整条街长约200、宽5～6米，保存了明清时期建筑风格的古建筑20余座。寿佛寺、三圣宫、万寿宫、财神庙、太阳宫、祠堂、常平仓、养济院、大戏台、天主教堂等古建筑坐

北向南排列，保存完整的古老民居鳞次栉比，马店、驿站、各类店铺组成白雾村集镇的整体风貌。其实，白雾村倒更像是一个乡镇中心区所在地，它将清新秀美的自然景观同极具艺术的古建筑相结合，充分展现了人与自然的高度和谐，是西南名村的典范。

白雾村全景 |

1

2

1＼白雾村古街
2＼白雾村财神殿
3＼白雾村三圣宫

◆ 四·会泽云峰古驿道

　　云峰古驿道，位于距会泽县城约30千米处的娜姑镇云峰村。道路从村子通过，现存驿道路段用不规则的红沙石块铺成，长约2000、宽约2米。至今，在一些石块上面还保存着1～2厘米深的马蹄印和牛脚印。云峰古驿道由巧家经蒙姑至干沿津（金沙江古渡口），经四川会理通往宜宾，是四川会理及会东县进入云南的通道，全长约67千米，是滇、川最接近的通省大道。昔日的云峰古驿道上，无论是运京铜的马帮，还是商贸交往，来往人群川流不息，热闹非凡。

云峰古驿道（会泽文管所提供）

◆ 五·沾益县松林村

　　沾益县盘江镇松林村，又称黑松林、松林驿，因这里曾经是一片森林而得名。处于盘江坝子西南边缘，是宣威到曲靖交通要道上的节点。两千多年前，嬴政统一天下后，为了加强对西南地区的统治，从宜宾修五尺道至曲靖。松林村正是五尺道进入云南的咽喉，往来的官吏兵商、行僧旅士都要从这里经过。松林村的繁华，正是随着五尺道的开通而出现的，该道的开通促进了物资和人员流通，使其成为五尺道上重要的驿站。目前，这个有100多个姓氏、8000多人的村子，是云南省最大的自然行政村，遗存了大量清代民国时期的古民居及古城墙、城门，从聚落规模和建筑布局上看，更像是一个历史沧桑的古镇。

1 \ 松林村古街
2 \ 松林村古城门

◆ 六·沾益九孔桥

　　九孔桥位于沾益县西平镇浑水塘村北2千米左右的九龙山下南盘江上，它把南盘江的东西两岸连接了起来。九孔桥始建于清乾隆三十年（1765），属石砌拱桥。桥全长约84、宽约37米。全桥共建有九个半圆形孔洞，故名"九孔桥"，亦称"九洞桥"。九孔桥是当时居住在桥西的人们进入沾益县城的必过之桥。石桥精巧古朴，圆拱连卧似虹，造型艺术简洁别致、美观大方，显示出古代建筑设计师的聪明智慧和工匠们精湛的建筑技艺。1999年，沾益县政府将九孔桥公布为第一批县级文物保护单位。

沾益九孔桥

◆ 七·沾益黑桥

黑桥位于沾益的五尺道上，是旧时南来北往出入沾益城的主要桥梁，是云南历史上有记载的最古老的桥梁。它位于西平镇黑桥村旁，离县城约两千米，横跨南盘江的南北两岸，唐武德二年（619）始建，清咸丰元年（1851）重建，属石砌拱桥，共有3个桥孔，全长42、宽6.2米。桥北建有与黑桥相连的约200米长的石板桥，名曰"小旱桥"（已被拆毁）。咸丰元年重新建桥后又取新名"长虹桥"。清咸丰元年《建长虹桥碑记》记录如下：

沾益之地多山，而城北大道通黔、蜀。自来远、炎方至九龙山，数十里层峦叠嶂，罗列环绕。过大觉栖云，山势顿落，地形顿低，山水爆发，河陆不分，汪洋一片，行人苦之。唐武德年间，都督韦公建山塘桥于此，俗名"黑桥"。年久倾圮，桥石尽没于红土之中。余牧是州，悯行旅之艰，道光三十年修九龙驿路，咸丰元年捐款重建城南之新桥，城北之山塘桥未整改。过涉者灭顶堪虞，余心终不安也。因亦兴工重建，江西抚郡公号亦捐百金相助，于闰八月告成。桥门凡七十有九。爰改名"长虹桥"，致数语勒石。

沾益知州邓墀撰　咸丰元年闰八月立

从上述碑文可见黑桥历史的久远和重要的交通地位。

沾益黑桥

◆ 八·富源县胜境关古道

　　胜境关位于富源县城东南滇黔交界的山脊上，又称界关。胜境关周边山势陡险，惟胜境关处山势较低，而且有一条驿道通向贵州，这里成为了古代由黔入滇的重要关隘。自古由蜀入滇有三条路，即灵关道、五尺道和胜境关。胜境关是自元代以来，中原内地入云南最重要的通道，被称作"入滇第一关"。关西面的胜境关村内，矗立着一座木牌坊，正中匾额上有"滇南胜境"四个苍劲有力的大字，胜境关的名字就源于牌坊上所书的"胜境"二字。由胜境关关隘至"滇南胜境"界坊处，保留了一段由石板路铺就而成的古道，路宽约1.2米，遗存了较多的马蹄印。历史上不断在胜境关修建建筑物，历史名人写诗作赋，撰联勒碑，逐渐形成了滇南胜境牌坊、石虬亭、胜境驿、关隘城楼、石龙古寺、鬻琴碑、古驿道、古炮台、胜境关等组成的文化遗产胜地。

1 \ 胜境关牌坊
2 \ 石虬亭
3 \ 胜境关古道

1

2

◆ 九·宣威可渡关驿道

　　可渡关驿道位于宣威杨柳乡可渡村至旧城观音堂之间，是云南通往中原的大道，也是云南境内最长、规模最大、保存最完好的一段驿道，为中央王朝开道治边、开发和经略西南地区奠定了坚实基础。作为"滇黔锁钥"、"入滇第一关"的可渡，是贵州毕节地区进入云南曲靖地区的交通要道。从成都经宜宾、盐津、大关、昭通入贵州境，再由毕节、威宁经可渡进入云南腹地，是滇黔重要孔道，俗称滇东锁钥。它始建于秦代，元、明、清三代均设置邮传、驿站、兵站，使用十分频繁，在历代军事、交通、邮政和经济文化交流中发挥了重要作用。可渡河北岸驿道旁观音堂内的《修观音堂并暂驻亭碑记》中记述"可渡弹丸岩邑，南通六诏（大理），北达三巴（今嘉陵江和綦江流域），东连金筑（今贵阳），行旅冠裳，络绎辐辏，孔道也"。现存的可渡关驿道全长约10000、宽约2米，全部用不规整的石板铺成，除三甲街段被整修为村间道路外，其余路段保存较为完整，路面铺砌整齐。驿道沿线保存有陈家客栈、可渡关关址、三甲街民居、可渡戏楼、汛防外委署、可渡关北关门、船工房、旧城东城门民居、旧城武庙、旧城汤家马店、孙家马店以及可渡河岸诸多摩崖石刻等文物古迹。2013年被国务院公布为第七批全国重点文物保护单位。现在，可渡关驿道仍是云贵两省居民交往的重要通道。

可渡关传统民居

1

2

第四节

凉山

　　凉山彝族自治州位于四川省西南部，首府西昌市自古以来就是通往云南和东南亚的"南方丝绸之路"上的重镇。所辖的盐源县是川西南重要的食盐产地，曾长期供应周边及云南西北部地区，由此形成的运盐古道被学界称之为"润盐古道"。润盐古道，系由元置润盐州（县）而得名，指从今凉山州首府西昌经盐源、宁蒗到丽江的古道，其名最早见于道上明代朱篔的石刻题记。这条古道以盐源县为中心，支线密布，遍及于川滇边金沙江、雅砻江之间大片区域，涉及的范围包括今四川西昌、冕宁、德昌、攀枝花、盐源、木里及云南宁蒗、永胜、华坪、丽江等地。

◆ 一·润盐古道摩崖石刻

　　润盐古道题刻位于盐源县平川镇骡马堡（禄马堡）的一座山壁之上，古时盐源境内雅砻江被称为打冲河，又称大金河。摩梭先民以"平溜"、"陡溜"渡江，因渡江方式简单、险陋，多有事故发生。明朝按察使副司朱篔力主修打冲河索桥，以改善交通，并亲临现场督修。索桥竣工后，朱篔摩崖题刻"金生丽水，润盐古道"八字，至今"润盐古道"四字犹存。从产盐地盐源到云南丽江的运盐道路，便因此摩崖石刻而得名润盐古道。

"润盐古道"摩崖石刻 |

润盐古道上的马帮 |

◆ 二·泸沽峡孙水关

孙水关，是古南方丝绸之路的通关要津，位于冕宁县泸沽镇东部方向约3千米处的喜德孙水河畔。长约2千米，南北两山对峙，石峡幽深。遗址石壁上有明代摩崖石刻"西南形胜"、"山水奇观"八个楷书大字。汉武帝元光五年（前130），蜀人司马相如受命出使西南少数民族地区时的史书所载"通灵关道，桥孙水，以通邛都"即此。孙水关为灵关古道上的军事要隘，北临危崖百尺的泸沽峡绝壁，其下流淌着湍急的孙水；南接巍峨的伏龙山；孙水关扼守其间，掌控咽喉要道，大有"丸泥封关"之势。据《冕宁县志》记载，此段大道为冕宁最古老最重要的驿道，是蜀、西川、成都通云南的西干道，也是宁远府（今西昌）对外的唯一大道。20世纪50年代初，因修公路，拆除了孙水关。

孙水关驿道遗址

孙水关潮音寺

◆ 三·喜德县登相营古驿站

登相营古驿站是西昌通往成都古道的著名驿站，是灵关古道上的重要关卡，始建于明代初期。明成化二年（1466），宁番卫（今冕宁）建成"三关、二营、七堡"屯兵护路，登相营驿站正式屯兵。至此历经明、清、民国直到喜德解放，此地均为屯兵之地，因当地地名登相，故称登相营。驿站四周有约670米长用条石嵌砌的城墙，墙高4、宽2米，墙顶每间隔0.5米左右设有一个1.6米高的垛眼。驿站内的明代建筑遗址有炮台4座、狱卡1间、寺庙1座、戏台1间、驻军地和数间骡马客栈、商铺。登相营古驿站保存了南方丝绸之路上最为完整的城墙，是明代建筑群中杰出的范例。旧时房屋遍布，供过往商旅餐饮住宿。在民国时曾经繁荣一时，分为上、下北街，房屋沿街而建。日平均客运量为1000～2000人次，最多时达到3000人次，驮马的数量则要翻倍。从成都贩来的货物有盐、布、糖、酒和铁器，从西昌运往成都的有玉米、荞麦、牛羊和白蜡等商品。常年马帮不断、商贾云集。近代，随着公路的修建，马帮和商队衰落，加之1989年此处发生火灾，房屋几乎毁尽。现今，古驿站主要遗留了玉皇殿、上北街、下北街、两个城门及连接城门的古道和四周的古城墙。

1＼古驿站的驿道
2＼登相营古驿站全景

1

2

◆ 四·盐源县卫城古镇

卫城镇在明代时是盐源县城所在地，明朝洪武初年修筑城墙，名卫城。清雍正六年（1728）设置盐源县，直至新中国成立后的1950年皆为县城所在地。至1951年为盐源县治所。据载，卫城城墙高二丈五尺，厚一丈二尺，周长4.3华里；有东西南北四道城门，东门为崇仁门，西为正义门，南为广礼门，北为顺治门；城垣四周有城垛，每垛设炮眼三个，可谓深沟高垒、固若金汤；城中心有钟鼓楼，高约30米，人们形容的是"卫城钟鼓楼，半截在天里头"。古镇以东西街道为主，南北副巷道七条。新中国成立前，武官衙门（县衙）、孔庙、城隍庙、铁桩寺、儒学、柏香书院、天主教堂等建筑遍布古城。至今仍保存有城隍庙、陈度公祠、南华宫及古城墙等遗址。

1 \ 卫城古镇老街
2 \ 南华宫
3 \ 钟楼

1

2

◆ 五·西昌礼州古镇

　　礼州古镇是古代南方丝绸之路上的大驿站，也是红军长征走过的地方，是西昌的北大门和各民族进行政治、经济、文化交流的重镇。古镇位于西昌市北部，距西昌23千米。现在的礼州古镇建于明代，城镇内外有七街八巷，有四大城门，东为迎晖门（现名新运门），南为启文门，西为宝城门，北为迎恩门。历史上曾七朝设县郡，五代置州所，为南丝绸之路牦牛古道驿站。境内有三处古城和新石器遗址，曾出土文物千余件。古镇多为清代建筑，砖木或土木结构。礼州镇陈朝庆（生于1942年）讲述到，以前礼州是吃"碓窝盐"，当地的说法是"碓窝不响，就吃不了饭"，意思是说要先将块块盐捣碎。至今古镇上保存了唐家大院、文昌宫、西禅寺、杨跃华宅等历史文化遗存。1995年，礼州镇被列为四川省历史文化名镇。

1

1 \ 礼州古城门
2 \ 礼州老街
3 \ 礼州文昌宫

2

2

3

1

◆ 六 · 西昌佑君古镇

　　佑君镇位于西昌市西南30千米，在安宁河西岸，清代为盐源县盐中分县治地，又名河西，有香城镇之名。佑君镇是西昌、盐源间的商贸重镇，是盐源食盐的重要集散地。民国年间有街道两条，镇内商号以盐号居多，是安宁河两岸居民的交易集市，也是安宁河西岸南下德昌、米易，北上礼州、冕宁的要

道，因此成为商贾、马帮的食宿之所。清代末年居民曾达2300户，1万余人。民国时期西昌地区皆食产于盐源的岩盐，而河西是食盐的主要集散地，佑君镇自然也就成了众多商贾、马帮的结聚、食宿驿站。经明、清两代的发展，在保城河以南逐渐形成街市，清同治三年（1864）在西盐驿道上建正街，成为河西

的商贸中心。古镇还保存了金家大院等旧居及城隍
庙等庙宇。据说古镇以前还有万寿宫、白马寺、关帝
庙等。1950年佑君镇划属西昌县，同年土匪叛乱时，
丁佑君在此壮烈牺牲，之后便以佑君镇为名。

1 \ 保城桥
2 \ 老街
3 \ 城隍庙

◆ 七·盐源县金河古镇

　　盐源县金河古镇是润盐古道上雅砻江上的重要渡口，盐源的食盐等物资经过此渡口运到西昌。如今，随着公路的修建这里逐渐衰落，只留下破旧的老屋，古镇的古道、古树、石墙、集中成片的旧居及宽阔的石子大路，还在诉说着这里曾经的繁华。

1 ＼ 金河镇码头
2 ＼ 金河镇驿站遗址
3 ＼ 金河镇古道

1

2

3

第五节
丽江

丽江位于云南省西北部，自古以来是丝绸之路和茶马古道的中转站，东与四川凉山彝族自治州接壤，是盐源到丽江"润盐古道"路线的终点。

◆ 一·丽江古城

丽江古城，又名大研古镇，是丽江纳西族自治县的中心，是中国历史文化名城及世界文化遗产。古城坐落在丽江坝子中部，玉龙雪山下，被称为中国保存最为完好的四大古城之一。古城始建于唐末宋初，它的兴起与茶马古道有着必然的直接关系，其经济活动主要围绕着茶马古道里的主体 —— 马帮展开。地处滇、川、藏交通要道，昔时频繁的商旅活动，促使当地成为远近闻名的集市和重镇。古城是在日聚夕散的乡村露天集市基础上逐渐发展而来的，最初称丽江古城"衣古芝"，意为"衣古地的集市"。古城是一个手工业十分发达的集镇，有皮革、染布、毛纺、纺织、打铜、打铁、织毡等行业。镇内古建筑众多，保存了文昌宫、净莲寺（嵌雪楼）、木府、科贡坊、仁和昌商号及规模成片的纳西族民居、商号、大宅院等传统建筑。街道较为狭窄，但非常密集，而客栈、酒店尤为繁多，可见历史上这里的繁华。

丽江古城

丽江古城老街

仁和昌商号

◆ 二·束河古镇

束河，纳西语称"绍坞"，意为"高峰之下的村寨"，是纳西先民在丽江坝子最早的聚居地之一，是茶马古道上保存完好的重要集镇，也是纳西先民从农耕文明向商业文明过渡的活标本，世界文化遗产丽江古城的重要组成部分。束河镇青龙桥建于明朝万历年间，是木氏土司鼎盛时期的标志性建筑，被列为丽江古石桥之最。桥长25、宽4.5、高4米，全部由石块垒砌。马帮、挑夫、背夫长年累月运送大量的物资经此桥，将桥上的石板磨得非常光滑。束河镇四方街，长宽不过30几米，有四条道路通向四面八方，水流环绕，日中为市，为丽江坝子最古老的集市之一。古镇上的茶马古道博物馆收藏了大量古道上的文物，包括盐春等器物，反映了历史时期食盐等物资在当地的贩运情形。

束河镇青龙桥

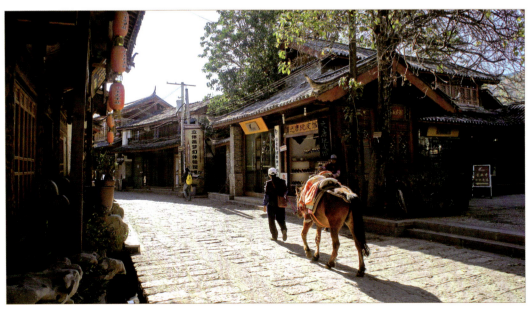

束河镇老街

1

1＼茶马古道博物馆
2＼马锅头旧居
3＼盐臼（束河茶马古道博物馆藏）

2

3

◆ 三 · 永胜县大安乡梓里镇

　　丽江梓里镇是永胜县金安桥附近、金沙江边的一座古镇，是一个多民族相融合的集市，曾是茶马古道上金沙江边的重要集镇，是永胜通向丽江、永安的重要节点。古镇在山腰，现今看起来非常偏僻，交通也不便，但以前因金沙江水运和渡口的便利条件，比较兴盛，是盐源食盐转运入丽江的一个自然村寨。如今镇上仍遗存有少量的古民居建筑。

梓里民居 |

梓里古道 |

◆ 四·永胜县三川镇及盟川桥

　　三川镇是永胜县城、四川内地通往丽江古城驿道上的大镇，离丽江古城约100千米，丽江、西藏、迪庆的马帮到四川，取道三川是一条重要的捷径。旧时四川、永胜的马帮到丽江、西藏和中甸，三川是绕不开的一个驿站。

　　盟川桥，又名永安桥，位于永胜境内，始建于明朝，是丽江、永胜、华坪三地旧时来往的驿道桥梁。

1 \ 三川镇全景
2 \ 盟川桥
3 \ 盟川桥桥头侧面

1

2

3

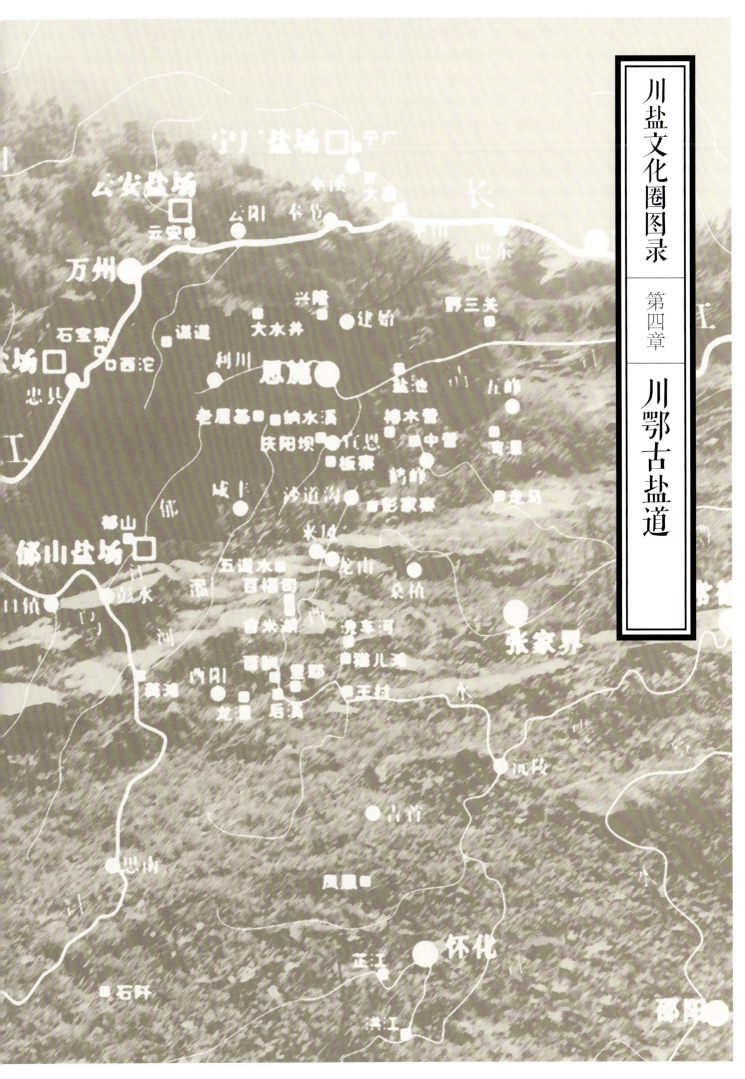

川盐文化圈图录

第四章

川鄂古盐道

第四章
川鄂古盐道

清代至民国时期大量川盐运销湖北，对川盐的生产和运销产生过重要影响。运入湖北的川盐，主要产自：自贡地区的富荣盐场，乐山地区的犍为与五通桥盐场、重庆巫溪的大宁盐场、开县的温汤井盐场、云阳的云安盐场、彭水的郁山盐场和忠县的眷井、涂井盐场等。川盐在湖北的销区有鹤峰、来凤、建始、宣恩、利川、长乐、咸丰、长阳、宜昌、江陵、公安、石首、监利、松滋、枝江、宜都、襄阳、均县、光化、宜城、南漳、钟祥、京山、潜江、天门、郧阳、房县、竹山、竹溪、郧西、保康、荆门、当阳、远安、枣阳、秭归等地。

恩施、竹溪、竹山、房县、巴东、兴山及神农架林区是川盐翻越崇山峻岭进入湖北腹地的重要通道。这些地区山高林密，海盐很难抵达，故历来有食用川盐的传统，至今这些地区还保留着大量川盐入鄂的古道。在明隆庆二年（1568），四川自贡的井盐便开始运往湖北省。太平天国和抗日战争时期，"川盐济楚"，川盐突破"引岸"的束缚，产量大增，运销广大的两湖地区，盐产地及运销湖北沿线的集镇在经济、社会上获得了长足发展。

川鄂古盐道分布线路，呈"四横一纵"的格局。"四横"即长江线、汉水线、清江线和酉水线，"一纵"即由万县（万州）、奉节等长江盐运码头出发，经陆路翻越大山到湖北恩施，并辐射到湖南凤凰等地。长江线，是川盐入鄂最主要的运道，自贡、犍为的盐运至泸州，由泸州进长江经江津、朝天门、涪陵、丰都、奉节、巫山沿长江顺流而至湖北的巴东、秭归、宜昌、沙市；忠县、云阳、奉节的食盐直接顺

川鄂古盐道示意图（赵逵 提供）

长江运往湖北腹地；巫溪的食盐经大宁河运至巫山后进入长江，再顺江进入湖北销区。汉水线，巫溪、云阳的食盐陆运至竹溪、竹山后再由堵河转运至汉水，由汉水向郧阳、襄樊、荆门运至武汉。清江线，自贡、忠县的井盐水运至石柱西沱后，再陆运至恩施，由恩施经清江水运至景阳、水布垭再至长阳、宜昌。酉水线，酉阳、秀山、彭水方向的食盐经利川忠路到咸丰再至来凤，其中一条支线沿酉水进入湖南洞庭湖流域；另一条支线向东经宣恩、鹤峰，再经渔洋河由

宜都入长江，进入湖北江汉平原。"一纵"是万州、云阳、巫山、奉节、石柱等方向的食盐在水码头起岸后，翻越七曜山，到利川、恩施、宣恩、咸丰及来凤等地，再由来凤转运至湖南的龙山、桑植、张家界及凤凰，这条线路是陆运食盐量最大的路线，其内部又有多条网络式的支线。

调查组重点调查了石柱、利川、建始、咸丰、来凤、竹溪、竹山及神农架林区。此外，调查组还对作为盐产地的重庆忠县、巫溪、开县、云阳及彭水进行了实地调查。川鄂古盐道上，遗存着众多的古镇、古街、古村落、会馆、庙宇、码头、桥梁、牌坊、碑刻等物质文化遗产，以及利川柏杨豆腐干、黄柏园的桃花灯、船工号子、背盐歌、挑夫歌、山歌、民歌、竹枝词、诗词等与盐运相关的非物质文化遗产，数量众多、类型多样，具有非常高的历史价值、艺术价值和研究价值，是非常难得的旅游资源。

第一节
石柱

石柱土家族自治县位于重庆东部，渝鄂两省交界处，东接湖北利川市，南连彭水苗族土家族自治县，西南临丰都县，西北接忠县，北与万州区接壤。石柱在川盐入鄂的历史上有非常重要的交通地位，自贡、犍为、五通桥、忠县等地所产的食盐由盐运码头西沱翻方斗山入湖北利川等地并辐射鄂省腹地。石柱境内盐运文化遗产丰厚，遗存了西沱古镇、鱼池老街、石家老街、黄水谢家店子、石家店子谷冲、云梯街古道、楠木桠古道、青草坡古道、黄水坡脚和冷水铁厂垭口、石门坎、楠木桠修路碑、背拐拐功德碑、关庙、禹王宫、张爷庙、万天宫等。石柱古盐道是土家族人重要的经济命脉和文化传播路线，为研究当地集镇发展、社会经济、民风民俗以及土家族传统聚落提供了丰富的实物资料。

石柱城区全景（刘昌渝 提供）

◆ 一·西沱古镇

西沱古镇地处长江的南岸，是石柱乃至武陵山区借江出海的重要口岸，与长江名胜石宝寨隔江相望，因古代商业尤其是食盐贸易和转运而发展兴盛。西沱镇古为"巴郡之西界"，地处长江南岸回水沱，又因位于忠县、石柱、万县交界处，故俗称"西界沱"。川盐在西沱起岸后转陆运，翻方斗山运至湖北腹地，西沱成为川盐销楚的重要中转站，担负起川盐外运的重任。清代《石砫直隶厅志》记载，西沱"水陆贸易，烟火繁盛，俨然一郡邑也"，反映出昔日的繁荣景象。古镇以云梯街及明清、民国时期民居建筑群为主体。云梯街古街道西起长江岸边，沿山脊蜿蜒而上，石梯层层叠叠，宛如登天云梯，故称"云梯街"。该古街原长约2000、宽2～6米不等，在岩石上凿成或条石砌成街面、阶梯，现存的平台为当时盐道上背盐人的歇气坎。明清时期有商号100余家分布在云梯街，以经营川盐、茶叶、蜀货等特产著名。清代民国时期的云梯街两旁，有春林药铺、绸缎庄、黄家馆、兴顺祥、冉氏客栈、生记客栈、永茂祥、土地庙、张爷庙、关庙、财神庙、熊家大药房、正荣和、德盛祥及泰和号等商铺、民居建筑和庙宇。清末民初，云梯街上端有官办的同济盐店，民间称之为"上盐店"，云梯街下端有清代举人杨氏经营的"下盐店"，当时这两个盐店生意十分兴隆，来往盐贩、挑夫络绎不绝。

1

西沱镇南峰村楠木垭组的古道是境内保存得具有原真性的古盐道，主体由山间古道、驿站遗址及修路功德碑组成。古盐道依靠山势的高低逐级蜿蜒而上，在山垭上便是遗存下来的驿站。古道上遗存了一块咸丰十年（1860）立的记载修建该段古道的碑刻，碑文记载："（石柱）厅境内出山以主于大江者，凡数道惟楠木丫最捷。而货物出入，徒旅上下，亦为楠木丫最繁，实川湖陆道咽喉也"。而且镇内还遗存了大量的盐运器物，包括了背篓、马灯、刮汗篾等，是历史时期西沱盐运情况的有力物证。

2003年，西沱镇被列为全国第一批国家历史文化名镇。2009年，云梯街被公布为第二批重庆市文物保护单位。2011年，西沱"盐运民俗"入选重庆市第三批市级非物质文化遗产名录。西沱古镇对研究古代盐业运输贸易、盐运习俗、城镇起源等具有重要意义和价值。

1\ 西沱云梯街
2\ 西沱下盐店

2

1

2

1＼楠木桠古盐道
2＼楠木桠修路碑

1

◆ 二·黄水镇

黄水镇位于石柱县东北部，是重庆东北出口之一，处于七曜山脉的第一阶梯，平均海拔约1550米。该镇是土家族多居住山区，是重庆边贸大镇、旅游名镇、绿色农业大镇。黄水是石柱到利川段古盐道上的又一个盐运重镇，镇内建立了巴盐古道博物馆，馆内陈列了巴盐古道的线路图及扁背、打杵、饮水竹筒等背盐常用器具。谢家店子是镇内现保存较好的盐运驿站，占地面积逾1500平方米，有建筑主体、前坝和后园，主体建筑为吊脚楼。

1 \ 谢家店子
2 \ 巴盐古道博物馆展陈的部分运盐工具

2

◆ 三·桥头镇大寨坎遗址

桥头镇大寨坎遗址由古道遗迹（寨外青石道）、大寨坎石门和摩崖石刻等组成。该遗址是由川入鄂的必经要地之一，是石柱到湖北利川的重要古驿道、石柱县著名的险关，古人有"古寨羊肠"、"蜀中第二剑阁"之称，悬崖石壁古人题刻"蜀道非易也"。大寨坎古栈道建于南宋，是川盐销楚的陆运大道，是武陵山区土家族古代交通发展的重要见证。其长约6千米，从上到下共有石梯9000余阶，依山势修建，路面和阶梯主要用长1～1.5、宽约0.7米的青条石铺砌，部分直接利用岩体修凿而成。大寨坎石门设有两道寨门，外寨门上有对联："御暴乃为关险隘新增蜀剑阁，避秦原有路入门便是小桃源"，横批"大寨东关"，落款"光绪二十四年杨懋修题建"。摩崖石刻有王爷庙摩崖石刻和盘龙摩崖石刻两处，计18处碑刻、雕像2龛和土地庙1座，不仅记载了南宋绍熙、元大德、明万历、崇祯、清乾隆、光绪和民国时期官民七次抢修、修复古道捐款、捐粮的事迹，而且有感慨大寨坎地险、修路艰辛的话语，对研究当地的古代交通地理有重要价值。大寨坎遗址集石寨、兵卡、栈道、关隘、石梯、石刻为一体，是一座丰富的文物宝库。目前，为重庆市文物保护单位。

1\ 大寨坎寨门（谭红建 摄）
2\ 背夫在大寨坎表演背盐（谭红建 摄）

1

巫溪县位于重庆东北部，地处大巴山东段南麓、渝陕鄂三省交界，东连湖北省神农架林区、竹溪县，南接奉节县、巫山县，西临开县、云阳县，北与城口县和陕西省镇坪县接壤。巫溪宁厂镇宝源山盐泉，是三峡及西南地区自流盐源之一，也是我国较早发现、食用和大规模开发的盐源。远古时期巫溪的食盐已远播秦、巴、楚及中原地区，唐、宋时位居全国十大盐监之列和西南产地之冠，是川陕鄂三省相邻地区重要的食盐产地，一直以来，本区域民众生产生活用盐无不仰仗于此，而且此处的食盐与巴国的兴衰有密切的关系。

| 巫溪县城

◆ 一·宁厂古镇

巫溪宁厂古镇是三峡地区古人类文明的发祥地和摇篮，堪称"上古盐都"。古镇位于大宁河上游，是中国早期重要的制盐地之一，有4000多年的制盐史。远古时期是"不绩不经，服也；不稼不穑，食也"的乐土。宁厂古镇因盐而兴，历史上有过"一泉流白玉，万里走黄金"、"吴蜀之货，咸荟于此"的辉煌。从先秦盐业兴盛以来，宁厂古镇因盐设立监、州、县，明清时成为中国十大盐都之一。在清乾隆年间，有盐灶三百三十六座，煎锅一千零八口，号称"万号盐烟"。丰富的食盐长期供应本地及周边地区，自清初以来，"陕西平利、安康盐课归丁，竹、房、兴、归……官盐运行不至，山民肩挑背负，赴厂买盐者，冬春之间，日常数千人。"嘉庆年间，大宁盐配销大宁、巫山及鹤峰、长乐、宣恩五州县；民国时期，销售秭归、兴山、巴东、长阳、巫山、长乐、鹤峰、宣恩、竹溪、竹山、房县和陕西兴安府、安康、平利、镇坪、郧县、郧西、均县、光化、谷城、保康等地。可见，巫溪食盐辐射的地域之广。如今，宁厂古镇仍保留了制盐遗址、传统民居建筑、老街、龙君庙遗址等，宝源山流出的卤水仍有淡淡的咸卤味。2010年，宁厂镇被列为第五批中国历史文化名镇。

大宁盐厂 (1985)

1

2

3

1 \ 巫溪盐泉
2 \ 大宁盐厂输卤"过漢"（1985）
3 \ 盐锅、盐灶
4 \ 龙君庙遗址

4

◆ 二·大宁河栈道

大宁河古栈道系春秋战国以来，宁厂古镇盐业开发之后，为历代人们逐渐开凿的。它主要用于引取盐水、运输食盐和其他物资，也用于军事交通与征伐。与巫溪接壤的鄂西、陕南一带不产食盐，人们食盐主要靠大宁盐场。大宁河古栈道的开凿，不但便利了山区的交通，方便了人民的生活，也扩大了中原和巴蜀的文化交流。古栈道遗留的石孔，分布于大宁河沿岸绝壁上。此栈道以宁厂镇为中心，分为南下段和北上段。南下段从宁厂镇起，沿大宁河右岸南下，至巫山罗门峡口，全程约135公里，有6800余个石孔。

| 大宁河栈道孔

第三节
开县

开县位于重庆东北部，在三峡库区小江支流回水末端，西邻四川开江县，北接城口县和四川省宣汉县，东毗云阳县和巫溪县，南邻万州区。温泉镇是开县境内的重要食盐产地，所产之盐主要供给本地、城口及经过万州进而辐射到鄂西地区。

◆ 一 · 温泉古镇

温泉古镇，古名温汤井，位于开县东北部，距开县县城约30千米，是渝东北地区连接云阳、巫溪、城口、川东、陕南、鄂西的重要古镇，是千年盐卤古镇及中国历史文化名镇。温汤井古盐场，曾是三峡地区重要的制盐场之一，遗存的盐井遗址位于古镇河西社区。遗址南北长约500、东西宽约40米，分布面积约2万平方米。盐井长年被河水冲击，其井目前已垮塌，残存6口盐井、两眼温泉（盐井）于河床边。盐灶为柱形，用石块夹杂泥土砌成，残高3.7、宽8.8、灶口直径1.4米。灶门进深5.5、高3、宽1.2米。其盐井上自总兵洞，下至龙门滩，沿河两岸比比皆是。温泉盐井遗址，为研究开县盐业史提供了实物佐证，具有重要的研究价值。

1 \ 温泉古镇全景
2 \ 温汤井盐井遗址
3 \ 温泉古镇老街

2

1

3

◆ 二·七里潭廊桥

七里潭廊桥位于温泉镇清坪村，始建于清乾隆年间，于道光十七年（1837）重建，1953、2002年又加以维修。桥身横跨在清江河上游，南北走向，是一座石木架构四孔平梁桥。木梁石墩，桥面平铺木板，悬山青瓦顶，抬梁式梁架，七架梁用两柱。桥面长约36、宽约3、墩高5.4、通高9、桥面护栏高约1米。据记载，在清朝廊桥上每天有上千人过往，其中有大部分是背运食盐的力夫。该廊桥是开县古盐道上的一个重要交通要点。廊桥旁边曾经有驿站，是运盐人歇脚的地方。在桥头，至今还保留着两块清代修建七里潭廊桥的记事碑刻，碑文清晰可见。

1

1\ 七里潭廊桥
2\ 七里潭廊桥旁的古盐道

第四节
彭水

彭水苗族土家族自治县位于乌江下游，重庆东南部，北连石柱，东北接湖北利川市，东连黔江区，东南接酉阳，南邻贵州沿河县、务川县，西南连贵州道真县，西连武隆县，西北与丰都县接壤。彭水县的郁山镇，是渝东南的著名食盐产地，历史时期曾为周边的湖北、贵州地区提供过不少的食盐物资。

1

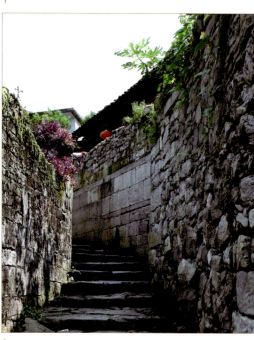

2

◆ 一·郁山古镇

郁山古镇位于彭水县郁江边上，与湖南、贵州接壤。镇内蕴藏着丰富的盐卤资源，是重庆除三峡地区以外的另一处重要的产盐中心，是古代重庆的四大盐场之一，有着悠久的制盐历史，尚保留有较多的盐业遗存。5000年前，郁山镇当地濮人（苗族祖先）发现了伏牛山盐泉，遂取水提盐。夏商至春秋，盐业为巴国重要经济命脉；汉代起，郁山就有征收盐税的盐官；唐代，被列为全国的"十监"盐场之一；到清乾隆二十六年产盐千万余斤，曾有"万灶盐烟，郁江不夜天"的盛况。漫长的盐业开发进程中，逐渐形成了一整套盐井挖掘、保护，卤水采集、提炼，盐水浓缩、蒸煮，食盐包装、运输的独特技术。郁山因盐兴镇，五千年余年的盐业开发，孕育了丰富多彩的郁山文化。任乃强在《四川上古史新探》中指出，"从煮盐、采丹、聚集人口，开发地方产业，到疏通水道运输，便是郁山地区文化的特点"。至今古镇还保留有三条老街、童家祠堂、苏家院子等古建筑及飞水井、老郁井、新正井及中井坝制盐遗址和输卤笕道遗址等。

1 \ 郁山古镇全景
2 \ 郁山古盐道
3 \ 郁山盐厂遗址

1

◆ 二·郁山中井坝制盐遗址

2013年1月，重庆市文化遗产研究院在郁山镇开展盐业考古专项调查，发现了盐井、制盐遗址、输卤笕道遗迹、商周至汉代遗址及汉至六朝墓群等。2013年5～7月，重庆市文化遗产研究院对调查发现的中井坝遗址进行了考古发掘，清理出盐灶、卤水池、黄泥坑、墙、柱洞、排水沟等遗迹。该遗址遗存了盐灶、储卤池、黄泥加工池、卤水沟等生产设施，完整地反映出当时制盐生产的过程，为研究郁山盐业生产中的"泼炉印灶"工艺提供了重要的实物资料。此遗址保存较为完整，是一处规模较大、配套设施较为完全的明清时期的制盐作坊，对研究郁山盐业的生产、管理及销售具有重要的意义。

1＼中井坝制盐遗址
2＼中井坝盐灶遗址
3＼中井坝储卤池遗址

2

3

第五节
云阳

　　云阳古称朐忍，很早就有先民在云阳生息繁衍。汉初，刘邦令隐士扶嘉在汤溪（今云安镇）凿井熬盐，云阳境内便有了第一口盐井，开始了井盐生产，成为中国最古老的井盐开发地之一。汉武帝时期，朐忍县始设盐官。自汉代以来，盐业一直是云阳经济的主体。唐贞元元年（785），云安盐厂设云安监，以收盐课。元明清时期，云阳盐业得到了进一步的发展，盐业经济成为推动云阳经济社会文化发展的主要动力。

云阳文物园

◆ 一·云安古镇

云安古镇位于长江支流汤溪河畔，是三峡库区的历史文化名镇，距离云阳老县城仅15千米。该镇是著名的产盐大镇，因盐而立，因盐而兴，曾被誉为"川东八大盐场之冠"。汉高祖时期扶嘉率众凿井煮盐，开云安城镇发展之始；约在唐宋时期形成街市，除熬盐厂房外，还有为食盐生产、运销服务的商号10余家；清乾隆三十六年（1771）后，江西、湖北、陕西、湖南等省商人集资到云安开发盐业，遂成为有名的盐场。据考古发掘发现，云安盐井不下500口，整个古镇就坐落在盐井之上。镇上曾有我国井盐发展史上著名的云阳白兔盐井，是中国最古老、使用寿命最长、保存最完好的大口径浅井，具有很高的历史研究价值。

云安盐在宋代以前主要以本县和万州、开州等周边地区为传统销区，清乾隆年间云阳盐固定销岸有云阳、奉节、开县、新宁、梁山、万县、巫山、达州、东乡、石柱、恩施、宣恩、来凤、咸丰及建始15个县。清光绪六年（1880），设云安盐场分局，云阳盐运销至滇黔边岸8厅县。

云安盐业兴盛时，会馆寺庙云集，有"九宫十八庙"之称，曾有帝主宫、炎帝宫、万寿宫、陕西牮楼等会馆，鼎盛时期有20多个省在此建会馆、修街巷、筑庙宇。云安古镇如今已随着三峡大坝的修建而淹没在江底之下，陕西牮楼也完整地迁到了云阳新县城的三峡文物园里。

云安古镇全景（1985）

二 · 张飞庙

张飞庙又名张桓侯庙，位于云阳盘石镇龙宝村狮子岩下，系为纪念三国时期蜀汉名将张飞而修建。古时，作为川东重要盐产地的云阳，水上运输十分繁忙，运道又十分艰险，运盐的船工便把张飞当作"护身神"祭拜，以祈求行船平安。张飞庙始建于蜀汉末期，后经宋、元、明、清历代扩建，现存建筑面积约1400平方米。因三峡工程建设，张飞庙作为库区唯一的远距离整体搬迁文物单位，于2002年10月

拆迁，溯江而上30千米，从原云阳老县城对岸的飞凤山迁至盘石镇龙安村。庙内主要建筑有正殿、旁殿、结义楼、助风阁、杜鹃亭等，构成一组宏伟壮观、独具一格的古建筑群。庙中不但建筑独特，收藏的书、画、雕、刻亦有"三绝"（文绝世、书法绝世、雕刻绝世）之誉。

1\ 张飞庙全景
2\ 张飞庙戏台

2

第六节

巫山大昌古镇

大昌古镇位于长江支流大宁河小三峡北口，是巫溪县及巫峡以北水陆交通要地和物资集散重镇，因长时间、大规模水路转运巫溪宁厂之盐而繁荣，距今已有1700多年的历史。大宁河流域在战国时期就成为了一个重要的盐产地，大昌古镇位于川、鄂、陕交汇处，兼有宁河航运之利，自古商贾云集，同时地处军事要冲，为历代兵家必争的军事要地。明代时大昌已成一定规模，已是"三街一坊"、有东、西、南三座城门。其占地约10公顷，东西主街长约350米，南北长约180米，人们形容是"一灯照全城，四面可通话，堂上打板子，户户听得见"的袖珍古城。原大昌古镇因位于三峡库区淹没区，现被搬迁到西包岭下的大昌湖旁，复建的大昌古镇在2007年5月已正式向公众开放。

1 \ 复建后的大昌古镇城门
2 \ 复建后的古镇老街

1

第七节
忠县

忠县位于重庆市中部、三峡库区腹心。唐贞观八年（634）唐太宗赐名忠州，1913年设忠县至今，是中国历史上唯一以"忠"字命名的州县城市。据文献记载，忠县已有5000多年文明史、2300多年行政建制史，被白居易、黄庭坚誉为"巫峡中心郡"、"三峡名郡"。忠县是重庆地区的文物大县，其中坝制盐遗址的发掘引起考古学界和盐业史学界的高度重视。

◆ 一·中坝制盐遗址

据考古发现，中坝遗址是目前世界已知的最早制盐场，位于忠县县城正北6千米长江支流㽒井沟河两岸的台地上，遗址东西长约350、南北宽约140米，总面积约5万平方米。河水的常年冲刷，使遗址的主体部分成为一座面积约7000平方米的孤岛，民间称"中坝"，故名中坝遗址。遗址的盐业生产依靠当地自然涌出的卤水作资源，使该地区成为历史上的传统产盐区。遗址文化堆积层厚达12.5米，从新石器时代一直至清代，完整地展现了五千年中华文明史。该遗址的发掘被评为1998年度全国十大重要考古发现，被誉为三峡库区最具价值的古文化遗址。

1 \ 中坝制盐遗址（1994）
2 \ 中坝遗址陶器残片堆积层（1994）
3 \ 中坝制盐遗址全景（1994）

1

3

2

◆ 二 · 白公祠

　　白公祠位于忠县城西长江北岸，占地24亩，系明崇祯三年（1630）为纪念唐代大诗人白居易曾任忠州刺史而建的祠庙。白公祠是与洛阳香山"唐少傅白公墓祠"齐名的全国仅有的两座白居易祠庙之一，祠内辟有白居易生平展室、历史文物陈列馆及雕塑馆、香山茶座、巴台月池、廊亭小径等景点。白居易的诗歌创作中，有不少诗篇的内容涉及盐的题材。有的从正面表现盐业经济、市集繁荣，体现文学内蕴的历史信息；有的以"盐"作比兴，扩大语言的文学表现；有的讲述盐的常用知识，体现文学的认识价值。考察发现，白公祠里面还保存了光绪十五年（1889）的称盐石砝码，并刻有"奉涪局示"、"校准局颁"字样，是川盐运销和贸易的重要物证。

1 \ 称盐石砝码
2 \ 白公祠

1

2

第八节

利川

利川市位于鄂西南，为清江、郁江发源地。境内山峦重叠，沟壑纵横，道路崎岖，关隘四塞，历为楚蜀屏障、军事重地。东与恩施市接壤，南与咸丰县毗连，西南与重庆黔江区、彭水县相邻，由西至北依次与重庆石柱县、万州区、云阳县、奉节县毗连。因特殊的地理区位，利川成为川盐进入恩施及湖北腹地交通孔道上的重要区域。

◆ 一·张高寨古村落

张高寨古村落位于利川市沙溪乡繁荣村，因盐运而聚人成寨。川盐、棉花等物资从利川忠路、张高寨过咸丰入湖南之捷径运到湘、鄂。张高寨附近的雷音山山高林密，道路艰险，夜间不便赶路，客商、力夫一般选择在山下的张高寨投宿。张高寨出名的客店有毛店子、横店子、穿心店，还有雷音山下的巴岩店。自清末到民国，这条沿大路南来北往的盐客、山货客、布客、鸦片客和"挑老二"、"背老二"常年川流不息。许多外地生意人在街上做起盐巴、山货、粮食、布匹、石膏等生意，他们发现张高寨的生意好做，就在此安家落户繁衍子孙。张高寨还遗存了张高卡遗址，因该地成为盐运中转站后物资贸易频繁而设卡抽税，如今卡门已毁，痕迹尚存。现代交通让张高寨段古盐道退出了历史舞台，寨子里的吊脚楼群却以一种自然朴素的状态较完好地保存了下来。2011年恩施自治州人民政府命名张高寨为首批少数民族特色村寨。2013年，张高寨被列入中国传统村落名录。

1\ 张高寨古盐道
2\ 张高寨古盐道上的古桥

1

2

◆ 二·纳水溪古村落

纳水溪古村落隶属于凉雾乡纳水村，是一个因盐运而兴的驿站，纳水溪绕村蜿蜒而过。数百年来，纳水溪一直是当地的商业场镇，也是川盐入鄂古盐道上的重要驿站。明朝时期，镇上设有土司衙门。清朝咸丰、同治时期，纳水溪成了运盐大路上的一个驿站和商品集散地。光绪年间定名为纳水溪场，后来逐渐发展成为定期赶场的集市，并最终成为一个土家族聚居村落。现存的传统建筑主要有关庙、红三军司令部、天主教堂、禹王宫、亭子楼等。纳水溪古村落的主要风格是依山而建，靠水而居，层层叠叠的吊脚楼和木板屋，具有重要的民族、旅游和文化保护价值。

1

2

1 \ 纳水村老街
2 \ 纳水溪古盐道
3 \ 关庙内景

3

◆ 三·老屋基老街

老屋基老街紧邻利彭公路，西面临郁江，水路、陆路汇集，交通便利，是利川南下忠路、文斗通往重庆的要道。忠县、西沱、郁山方向的食盐经此运至利川、来凤，进入湖北、湖南，老街便成为水陆旅客停靠休息的交通驿站。老屋基老街始建于清乾隆年间，后逐步扩建维修，现存传统建筑多为民国年间火灾烧毁后重建而成。"鱼背脊街"是老屋基老街的核心部分，清光绪年间邑人用麻条石铺成长1100、宽6米鱼背脊街面，全由青石砌就，通达老街西面的郁江码头，千块径宽三尺的麻石，形如鱼背脊拱于路中，百年不损。古街现存木质吊脚楼60余间，"福寿桥"古桥保存至今。2013年，老屋基老街入列中国传统村落名录。

1\ 鱼背脊老街
2\ 福寿桥

◆ 四·团堡镇

团堡镇有利川的"东大门"之称，东有石板岭为利川、恩施两市天然界山，西有金字山突兀高耸，是川鄂咽喉，古有"利川要隘"之称。地处楚蜀通衢的团堡从明初就设市开场，是川鄂古盐道上因古代交通和食盐转运而兴盛的商贸重镇。古镇主街道东西长约1千米，还有幺店子等3条巷道直通街前的团堡河。古镇建筑主要由土家吊脚楼和众多四合院构成，或前店后栈，或前店后坊，有古时浓厚的商业文化氛围。清至民国时期，以古道贸易为依托，来往客商、前来赶场的毗邻地人群络绎不绝，旺盛的人气带来了古镇的繁荣，街上经营日杂百货、土特产品的店铺林立，茶楼、酒肆、客栈星罗棋布。至今仍遗存有宜影塔、培风塔、石龙寺、冉家院子、冉家祠堂等遗址。

1 \ 团堡镇老街
2 \ 冉家大院
3 \ 培风塔

1

2

◆ 五·穿心店驿站遗址

　　穿心店驿站遗址位于七曜山上的柏杨坝镇齐跃村二组。七曜山是湖北、湖南一带通往云阳方向贩运食盐的捷径，"盐大路"上人来人往，商旅络绎。穿心店两边为店，中间为街，行人须从街道两旁穿过，故而得其名，是典型的因交通地理因素而形成的高山驿站。穿心店主要开设餐饮和住宿的店铺，曾有10余家，这些店子供过往商人、"挑二哥"歇脚和食宿。"锅里不熄火，路上不断人"是清代民国时期穿心店驿站的生动写照，驿站两头设有"榨子门"，晚上将"榨子门"一关，街上就不能通行，以此防御匪患。据当地72岁的谭杨春介绍，旧时有许多出入云阳的"挑二哥"、骡子客一拨接一拨的经过穿心店。如今，遗址上的客栈已经垮塌，仅留下残垣断壁，不过可从遗存下来的城门、寨墙、古树、房基、石缸及三圣庙牌坊等看出曾经的繁荣。

1 \ 三圣庙牌坊
2 \ 栅门遗址
3 \ 驿站遗址

1

2

3

◆ 六·永顺桥

　　永顺桥位于毛坝镇田坝村，修建于清朝咸丰年间，是一座保存完好的木制风雨桥。桥长约32、宽约4米，桥身距河面约40米，采取复拱式方法建造，桥上16根柱头排列开来，主架有52根柱头。整座桥结构严谨，造型古朴，不用一钉一铆，全部用杉木凿榫衔接。桥上建有廊和坐凳，既可行人，又可避风雨，是川鄂古盐道上一座特殊的木拱风雨桥。该桥最近的一次修缮是在1991年，同年著名建筑学家张良皋先生为此桥题名。在清末民国时期，永顺桥是当地的交通咽喉，是利川境内的著名古桥，据说当时挑盐的挑夫经过此桥时往往会在此桥歇脚。桥头留下了永顺桥的记事碑刻，桥的两头遗存了青石板铺成的约半米宽的古盐道。2011年，永顺桥被颁定为恩施土家族苗族自治州文物保护单位。

1 \ 永顺桥
2 \ 永顺桥头的古盐道

1

2

3

◆ 六·永顺桥

　　永顺桥位于毛坝镇田坝村，修建于清朝咸丰年间，是一座保存完好的木制风雨桥。桥长约32、宽约4米，桥身距河面约40米，采取复拱式方法建造，桥上16根柱头排列开来，主架有52根柱头。整座桥结构严谨，造型古朴，不用一钉一铆，全部用杉木凿榫衔接。桥上建有廊和坐凳，既可行人，又可避风雨，是川鄂古盐道上一座特殊的木拱风雨桥。该桥最近的一次修缮是在1991年，同年著名建筑学家张良皋先生为此桥题名。在清末民国时期，永顺桥是当地的交通咽喉，是利川境内的著名古桥，据说当时挑盐的挑夫经过此桥时往往会在此桥歇脚。桥头留下了永顺桥的记事碑刻，桥的两头遗存了青石板铺成的约半米宽的古盐道。2011年，永顺桥被颁定为恩施土家族苗族自治州文物保护单位。

1 \ 永顺桥
2 \ 永顺桥头的古盐道

1

◆ 七·步青桥及字库塔

步青桥位于毛坝镇双泉村一组，是连通利川、咸丰，东南通往湖南，西北通往重庆、四川古盐道上的一座石质古桥。步青桥古为咸丰经沙溪至川东的人行要道，建于清朝同治年间，位于当时的官府驿道上。矗立在桥头的字库塔，高约6米，是六面三层的石碑式建筑，兼具碑刻的功能，所刻文字记载了修建步青桥时捐钱、捐物、主事出力的人名，捐资人员涉及四川、贵州、江西、湖南、湖北等地的善士，也记载了梁山县（今梁平县）、大竹县、垫江县、丰都、湖南各州县的具体捐资情况，足证此桥所通达的地域之广、涉及的人物和组织之多。清光绪皇帝所赐修的桥南刘杨氏节孝碑与字库塔隔河相望，碑、桥、塔相映成趣。步青桥和字库塔对研究利川到咸丰的古盐道及整个川鄂古盐道的历史有着重要意义，提供了非常有力的物证和文字史料证明。字库塔和桥梁保存基本完好，在2008年均被颁定为湖北省文物保护单位。

1 \ 步青桥全景
2 \ 字库塔
3 \ 字库塔修路碑刻

1

2

◆ 八·柏杨坝镇

　　柏杨坝镇是利川境内川鄂古盐道上的盐运重镇，是川盐转运到利川、恩施的重要途经地。该镇的大水井古建筑群为鄂西传统建筑精品，由李氏庄园、李氏宗祠及高仰台李盖五住宅三大部分组成，具有欧式、徽式与土家族传统吊脚楼相结合的典型风格，是中西合璧同时又融合了民族风情的特色建筑。占地面积约2万余平方米，总建筑面积1.2万余平方米，是规模宏大、保存较为完好的封建地主庄园。2001年，该建筑群被确定为全国重点文物保护单位。

　　柏杨豆腐干是当地的特色传统美食。作为川鄂古盐道上交通节点，该古建筑群附近还保存着一条山间的石板古盐道。旧时负盐的力夫在此石板古道上穿行，经过柏杨坝镇时，常购买当地的豆腐干作为盐道上的干粮。明清时，柏杨坝集镇一带大量生产的豆干，曾被当地官员列为朝廷贡品，豆干制作传统工艺沿袭几百年传承至今。2011年，恩施土家族苗族自治州人民政府将柏杨豆干工艺列为第三批非物质文化遗产保护名录。

1 \ 大水井古盐道
2 \ 大水井李氏庄园
3 \ 大水井李氏宗祠

2

3

第九节
建始县

建始县位于鄂西南山区北部，临近长江干流，清江穿境而过，东连巴东县，西接恩施市，南邻鹤峰县，北与重庆巫山县毗连，西北与重庆奉节、巫山两县接壤，是恩施土家族苗族自治州境内又一重要的川盐转运区。

◆ 一·高坪镇石垭子老街

石垭子老街是建始县过往宜昌的咽喉之道和重要驿站，位于高坪镇石垭子村一组，距离著名的"建始直立人"遗址巨猿洞不到5千米的318国道旁。老街主要建于明末清初，长约200、宽约4米，全用青石板铺成，石板长年累月地被行人的鞋底、骡马的蹄掌打磨得乌光锃亮，坑洼密布。这里曾经是恩施通宜昌、江汉平原的要道交汇点上非常繁华的街道，颇具土家特色。至今，老街仍住着百余户农家，街道上的青石板台阶、别具一格的土家吊脚楼、刻龙雕凤的窗花保存得较为完好。2009年，建始县将石垭子老街列为第三批县级文物保护单位。

1

2

1 \ 高坪镇古盐道
2 \ 石垭子老街传统民居建筑
3 \ 石垭子谭子益老宅

3

◆ 二·花坪镇

　　花坪镇位于建始县境南部偏北，东与巴东县接壤，西与恩施市相连。曾是建始四大名镇，是川鄂古盐道奉节到恩施路线上的大集镇，是川盐进入湖南的一大重镇。清代，花坪镇即为建始县物流的重要集散地，商贸十分活跃。在民国时期，曾有田家等几大主要从事盐业运输和贸易生意的大盐商活跃于花坪镇。

老宅

1\ 访谈骡子客杨永春老人（94岁）
2\ 屯堡老街

第十节

恩施市

　　恩施市位于湖北西南部，武陵山北部，东邻建始、鹤峰，西界利川、咸丰县，南连宣恩，北接重庆奉节，是恩施土家族苗族自治州的首府，全州的政治、经济、文化中心和交通枢纽。处于川盐东进湖北腹地及南下湖南西部的重要区位，遗存了较多的古盐道、老街、古村落等盐运文化遗产。

◆ 一·屯堡老街

　　屯堡老街位于清江上游，长600余米，自明清时便为恩施至四川古盐道上的重要集场，曾是清江上著名的码头。四川云阳等地的食盐经陆路运至屯堡，再经清江水运至恩施城，屯堡因此成为区域性的川盐转运和集散地。老街上还有几位在民国及新中国

2

成立初期运过盐的老人，杨永春（生于1919年）老人便是其中的一位，他向调查组讲述到："年轻时从老家奉节到屯堡来打工，靠驮盐为生，后来就把家安在了屯堡。民国时，在奉节和巫山之间的大溪口是用骡子驮盐回屯堡，多时有300多只骡子驮盐。盐驮回屯堡后少部分是在当地卖，大部分从屯堡装船运到恩施、宜昌。从恩施到屯堡，再运回布匹到屯堡卖。"目前，屯堡老街依稀保留了少部分传统建筑，木质老屋被现代新房取代，少了些许老街延绵久远的历史韵味。

◆ 二·梅子水老街

　　柏杨坝镇梅子水老街是利川至云阳古盐道上的一个边陲小镇，因盐运而逐渐发展为盐商、挑夫提供食宿和方便周边乡民进行物资交换的集镇。"盐客成群过，粮船如穿梭。路上人不断，锅下火不熄"，曾是老街真实的历史写照。据说原来的老街像条扁担，在街上食宿和做生意之人多是挑扁担的，故又被叫做"扁担街"。过往梅子水的客商、挑夫、马帮，来自利川和毗邻的恩施、咸丰及来凤、湖南龙山等地。他们把粮食、药材、生漆、桐油等物资运到云阳，换成食盐再运回本地贩卖。老街上的朱明远老先生（1930年出生）介绍，抗日战争时运盐到湖南的常德、龙山及咸丰、来凤都要经过这条老街，人多的时候一天就有上百人挑盐路过，恩施地区吃的盐大部分也经过这条路运入。民国时期，梅子水设有河工局，还有非常特色的建筑——"船楼"，高3层，约长15、宽8米，是当时梅子水的一个标志性建筑。现在，老街已几乎全部拆毁重建了新房，老街的传统风貌已不复存在。

1 \ 梅子水老街
2 \ 梅子水古盐道

◆ 三·盛家坝乡小溪古村落

小溪古村落坐落于盛家坝乡二官寨村，是川鄂古盐道上的传统古村落。盛家坝紧邻利川、咸丰，有两条入川盐道经过或邻近小溪古村落：一条是从宣恩庆阳坝到放牛场、风吹口、小塘坪、犀牛水、大树子、丫头沟、横岩湾、枫香河、贵州坡、沙子门、白果乡、两河口，经利川进入四川境内；另一条是从宣恩草把场、十二泉、理龙山、余家河、三女排、大集场、三洼、杨二槽、鸡公石、巴西坝、伍家岩口、芭蕉溪、黄金洞、毛坝经利川进入四川。小溪村民胡必兴老人讲述到他的父亲在民国时就是挑盐的，并担任"担首"，由二三十人组成"盐帮"，经常往来于云阳、万县、恩施、利川之间。胡家大院曾是小溪的一个驿站，是目前恩施土家族苗族自治州发现的保存最好、最具规模的民居古建筑群落，由上坝、中坝、下坝三个大院落吊脚楼群和河沙坝、梁子上、下河、茶园堡、三丘田等小院吊脚楼或单体木瓦结构建筑组成。小溪古村落是原生态民族文化与生态文化高度融合的典范，吊脚楼群是土家、苗、侗等南方少数民族干栏式建筑相互融会又恪守传统的建筑活化石，具有很高的民族建筑艺术研究、历史文化生态保护和旅游开发价值。

◆ 四·太阳河老街

太阳河老街在清朝康熙年间便形成了集镇，位于十二关险关的山脚下。从太阳河至十二关约7.5千米，过关后下7.5千米至奉节三角坝，进而进入云阳境内，是武陵山区的人们为运输川盐而选择的捷径。十二关地势十分险要，可谓"一夫当关，万夫莫开"，常有土匪出没，过往官员和行人因此选择在太阳河住宿。太阳河老街最兴旺时期是两次"川盐济楚"时，这两段时间太阳河过往行人络绎不绝，一派繁华景象。因盐道的繁荣，衍生养育了哥佬会，自康熙十八年（1679）开始，哥佬会经营此段盐道约250年。太阳河老街所在的集镇自清康熙初年起，有沈、吴、刘、佘四大家族聚居，沈家大院居下街、吴家大院居中街、佘家大院居上街，刘家大院居关口上。刘家大院是老街上骡马店和客栈的主要场所，骡马店和部分客栈至今保存完好。老街四周建有围墙，东、南面进出口建有寨门，北面有风雨桥，东、南面分别从栅子门进出，东面连接恩宜古道，南面连接湖南经鹤峰、宣恩、恩施、杉木坝到太阳河的古盐道，两条古道在太阳河会合，过往背二哥、挑夫和马帮，只要是午后，为躲避十二关的土匪，便留宿驻扎在太阳河关口上的骡马店。老街房屋建筑风格以吊脚楼为主，至今仍保留了规模较大的传统民居建筑。

| 风雨桥

第十一节
宣恩

宣恩县东接鹤峰，西邻咸丰，东北、西北及北部与恩施市交界，西南同来凤毗连，东南与湖南龙山、桑植等县接壤，是川盐运入湖北、湖南的另一重要转运区域。

◆ 一·李家河乡上洞坪老街

李家河乡上洞坪老街位于上洞坪村12组，是从重庆转运食盐到宣恩的重要节点和驿站。调查组发现，老街上许多80岁以上的男性老人在民国和新中国成立初期几乎都从事过食盐的运输。曾运过川盐的赵占清（1921年出生）老人讲述到："上洞坪的盐，是从四川自流井、云安、奉节那些地方运来的，很多是私盐。路上挑盐的人多，民国时期这个村里面起码都有几十个人挑盐，主要是到万县、云阳、奉节这三个地方去挑。去万县挑的就是自流井的黑锅巴盐，奉节的盐也是锅巴盐，云阳的盐是面面盐。以前当地人还是最喜欢吃自流井的黑锅巴盐，那个味道最好。从我们当地运出去的主要是桐油那些土特产品。经过上洞坪的川盐还会运往湖南常德那些地方"。清代民国时，上洞坪曾有湖广庙、江西庙等会馆。近年来，老街一些古建筑被拆毁，其风貌遭到了较大的破坏，但是当地运输川盐的历史及盐道上的故事仍保存在老街居民的记忆里。

1\ 访谈挑盐工赵占清老人
2\ 上洞坪老街

1

2

◆ 二·椒园镇庆阳坝凉亭街

庆阳坝凉亭街位于椒园镇庆阳坝村，地处川、鄂、湘三省边贸的交通要道节点，是川鄂古盐道上一条形制特殊的老街。两次"川盐济楚"时，川盐经济带动整个巴蜀地区贸易发展，长江沿岸码头西沱、云阳、万县方向的相当数量的川盐经庆阳坝陆运至鄂、湘两省。从万县、云阳方向运来的食盐，在此街道转运和贩卖。凉亭街两旁至今保留的由两条交叉

的风雨街组成的清代民国木屋建筑群，融合了土家族的吊脚楼风格，形制十分特别。主街道长561米，靠山面水而建，两侧建木质瓦房，60余栋木房排成两排，间隔五米左右相对而立，形成集市。临街面为商铺，临溪面是吊脚楼，整条街檐搭檐、角接角，首尾相连，一气贯通。2007年，凉亭街被定为湖北省文物保护单位。

1 \ 凉亭街
2 \ 凉亭街桥
3 \ 杨仁初老人（82岁）与他昔日挑盐的翘扁担

1

2

3

◆ 三·沙道沟镇两河口村

沙道沟镇两河口村是万州、云阳到宣恩运盐路线中的节点之一，境内的彭家寨和两河口老街是盐运历史的重要见证。彭家寨在龙潭河西岸，是鄂西少有的吊脚楼聚集区。彭家寨居民大多由湖南怀化顺酉水河迁徙至此，住宅环山而建、傍水而居，错落有致，造型优美，被誉为鄂西最美的吊脚楼群，2008年被评为中国历史文化名村。两河口老街位于两河口村一组，据守在宣恩段古盐道的南端，历史上因盐运而异常繁荣，是宣恩境内保存最为完好的街市类古街。目前，老街保存了一小段非常古旧的由鹅卵石填充而成的街道路面及苏维埃政权旧址。部分村民家里至今还保存着民国时期捣巴盐的擂钵。2012年，两河口村被列为中国传统古村落。

1 \ 彭家寨
2 \ 两河口老街
3 \ 擂钵

第十二节
来凤县

来凤县位于湖北省西南部酉水上游，北接咸丰县、宣恩县，西南邻重庆酉阳县，东南邻湖南龙山县。处湘、鄂、渝三省市交界处，是鄂湘渝黔边区重要的物资集散地，湖北省的西大门。

三胡乡黄柏村

三胡乡黄柏村位于来凤、咸丰两县交界处，村中心分布着3个古寨，在村子的交通出入口，在巨石上题刻了"巴盐古道"四字。黄柏村是较传统的古村寨，吊脚楼错落有致，有古盐道、古院落、古寺庙、古戏楼等文化遗存。境内现有保存完整的古盐道10余千米。该村7组的八股庙因由八个异性族人筹资修建，庙门的《千里告之》碑反映了200年前八姓人在黄柏村开疆起源的历史，是不可多得的重要文献史料。该村的桃花灯戏与盐运有十分紧密的关联，据《黄柏园桃花灯简介》碑刻资料记载："黄柏园桃花灯历史悠久，从清朝时代，就开始跳花灯，至今约四百多年历史。据当地老人传说，该村古盐道是川鄂古盐道的必经之路，是明、清时期武陵地区运输食盐等生活必需品的生命线和经济线。当时，南来北往的盐商都要在当地一个大店子歇脚，为消除疲劳，过往盐商在休息时放下担子，在扁担上捆上花草，模仿走路的动作唱歌跳舞，自娱自乐。后来经过不断加工，逐渐转化成一种格调新颖，舞姿生动，妙趣横生的花灯艺术风格。"

1

1 \ 黄柏村村口巴盐古道石刻
2 \ 黄柏村古院落
3 \ 黄柏村村后古盐道

3

第十三节
巴东县

巴东古为"楚蜀咽喉，鄂西门户"，居恩施土家族苗族自治州的东北部，东连兴山、秭归、长阳，南接五峰、鹤峰，西交建始、重庆、巫山，北靠神农架林区，长江穿境而过，是古时川盐水路转运的要点。

野三关

野三关是恩施土家族苗族自治州的东大门，巴东的重要物资集散地。旧时，恩施到宜昌的道路被称为盐大道，野三关处在路段的中间位置。早在秦汉时期，巴人就在野三关形成了稳定的活动区域。北宋宰相寇准任巴东县令时，曾在这里劝农弃猎从耕。野三关有"小香港"、"小义乌"的美称。老街呈Y字形布局，与新街平行展开。沿街民居都是"前铺后住"或"下铺上住"，Y字形岔口处形成三面铺，是老街的中心。它是一个典型的高山小镇，镇南的"喝二两"和镇北的"姊妹饭店"在20世纪改革开放的浪潮中成为了当地及周边地区著名的饭馆，极具知名度。自清代至今，店铺、茶馆、理发店，鳞次栉比，生意兴隆，是过往旅客重要的栖身地。

野三关老街 |

第十四节
竹溪

竹溪县的食盐主要来自巫溪大宁盐场。境内共有三条主要的盐大路，第一条大致路线是竹溪县城 — 龙王垭 — 鄂坪 — 泉溪 — 丰溪 — 桃源乡 — 白鹿溪 — 大宁盐场；第二条是官渡盐大路，由县东经水坪至郭家洲抵竹山官渡河，上起浦溪沟，入马门子至厚河，至桃源翻界岭，抵四川大宁盐场；第三条为老阴顶盐大路，自竹溪县城至泉溪，转东南过喝风垭，经小桂、大桂、龙滩南进葛洞口，越王家山至东甘沟子，翻老阴顶过肖家山，穿过母猪峡抵大宁盐场。

卡门湾

卡门湾是巫溪大宁盐场通达竹溪捷径路线上的一个山脊上的险关，该路段在20世纪80年代之后便很少有人通行，已是杂草丛生、荆棘满布。此地周边数十里人烟稀少，是一天然关隘和屏障。距卡门湾关隘不远处的岩壁下隐藏了一块乾隆五十年（1785）所立的"万古不朽五福桥"石碑，碑文记载了周边乡里出资修建五福桥的背景，以保障盐路的畅通，对研究当地的盐业运输和交通具有重要的价值。

1 \ 险峻山岭中的卡门湾盐道
2 \ 险峻山岭中的卡门湾盐道
3 \ "万古不朽五福桥"碑刻

1

2

3

第十五节
竹山

竹山县，为古庸国故址，隶属湖北十堰市，位于秦巴山区腹地，堵河自西南向东北流经其中部。该县地处鄂西北山地，北属武当山，南属大巴山，东邻房县，北界郧县，西北邻陕西白河县，西交竹溪县、陕西旬阳县，南接神农架林区、重庆巫溪县。运销的食盐，主要源于大宁盐场，并经竹山转运到陕西安康等地。

◆ 一·官渡镇

官渡镇是巫溪至竹山古盐道上的一大重镇，位于鄂西北边陲、巴山东麓，是入川达渝之咽喉，秦巴文化的璀璨明珠。镇中心距竹山县城约60千米，东与房县中坝接壤，西与竹溪兵营相连，南同柳林乡交界，北和上庸镇毗邻，是巫溪至竹山段南来北往盐商和运盐力夫必经之地。考察组在官渡镇秦巴民俗博物馆考察时发现一张民国时官渡盐商到大宁购买食盐的证明，明确反映官渡到巫溪大宁盐场从事食盐贩运的史实，其主要内容如下：

竹山县官渡镇工商业联合会证明

兹证明我镇商人余度安一行一人随带人民币会票前往四川大宁县购买食盐货物等，但此商人确系正当贸易，并无其他情形，希沿途军警、哨卡、民兵、各机关认识验证放行为荷。

1

2

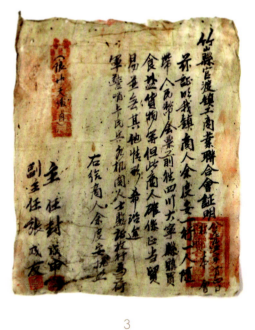

3

1 \ 竹山县官渡镇
2 \ 称盐砣
3 \ 竹山县官渡镇工商业联合会购盐证明（1952）

◆ 二·王三盛庄园

　　建于清同治年间的王三盛庄园俗称三盛院，位于竹溪县新洲乡和竹山县上庸镇（原田家坝镇）交界的堵河与泗河交汇处。建筑坐北朝南，占地约一百余亩，房屋建筑结构为同式三幢并列，一进八重48个天井，计千余间。王三盛是一个家族的总称，因王应魁而起。19世纪初，王应魁辗转来到竹山县城，落户南关街，起初靠制作小件铜器、兼卖豆腐积攒了一些财富后，开始转向食盐生意，因食盐贸易获利丰厚，便收购了大半条街的店铺。清末，王应魁的后人控制了堵河盐道上的大部分生意，在四川的大宁，陕西的镇平县、白河县以及湖北的黄龙滩、郧阳府、老河口等地兴建盐行货栈，在竹山县城更有大型的中转盐行货场。王应魁财发于盐货后，便决定兴建庄园。清嘉庆末年，庄园竣工。慈禧太后为王家赐名"三盛"，寓意人盛、财盛、地盛。1985年，三盛院被竹山县列为文物保护单位。因三盛院属竹山潘口水电站水库淹没区，2008年10月，竹山县政府将其搬迁至上庸镇新集镇古建筑复建区内保存。

三盛院

第十六节
神农架林区

　　神农架林区于1970年经国务院批准建制，是全国唯一以"林区"命名的行政区，古老而神秘的盐道绵亘在林区的崇山峻岭之间。神农架段的古盐道，兴盛于清朝和民国时期，淡出于二十世纪五六十年代。据清同治《兴山县志》记载："骡马店市，县西四里，曩房（县）、保（康）、二竹（竹山、竹溪）由巫山运盐骡马往来，日夜喧闹不息。"反映出当地川盐贩运的历史盛况。

　　神农架林区文物管理所在第三次全国文物普查时对神农架古盐道进行了专题调查，发现有驿站遗址、骡马店遗址、风雨桥遗址、码头遗址、盐税卡遗址、古寨及修路功德碑等文物遗迹遗物达39处。神农架境内的古盐道，从起点阳日湾至巫溪县全长约500千米，中途经过神农顶周围的高寒峻险区和海拔2900米的太平山。其间有无数的崎岖险道，沿途有阎王鼻子、鬼门关、奈何桥、阎王扁、挺心石、九条命等令人恐惧的地名，还有无数的寨堡关隘。境内古盐道主要有两条，一条是从保康的马桥沿南河水路上溯到阳日，再经过山路从松柏到宋洛、徐家庄、黑水河、板仓，最后穿过大九湖进入四川；另一条是从房县的范家垭经神农架的赶集沟、九里十三弯、弯腰树、玛瑙池、三道沟、苦桃园、老爷崖、莲坪、红花塘、七里扁、板仓坪、东溪、大九湖的自生桥进入四川。2008年4月，湖北省人民政府公布川鄂古盐道（神农架段）为省级文物保护单位。

神农架古盐道线路图

（神农架林区文物管理所提供）

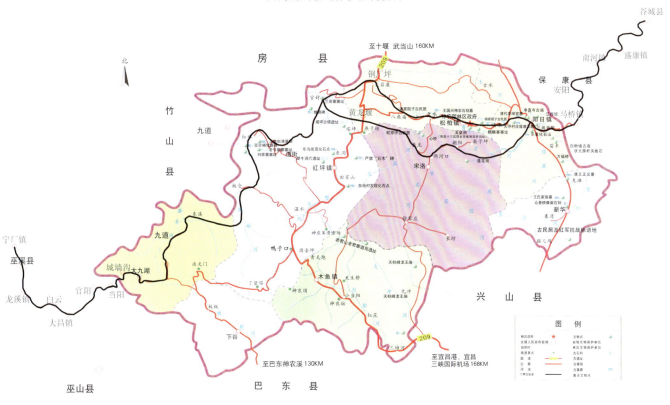

神农架古盐道背盐图（传奇神农印象中心展陈）

◆ 一·阳日镇

阳日镇，被誉为神农架林区的
"小江南"、神农架最早的自然镇。
在山高路远、谷深林密、人烟稀少、
山路崎岖的神农架林区，阳日镇
自古便是一个交通相对方便、客商
云集的地方，是清代民国时期的盐
商、客商和盐运力夫聚集地。阳日
湾作为食盐中转站，食盐上船从水
路进入汉江，再运至江汉平原。清
道光年间所刻的《阳日湾江西万寿
宫碑志》记载了此地重要的交通地
位："阳日湾 …… 虽僻处乡隅，然
南走宜施、西通巴蜀、东下襄樊，
亦四出之要道也 …… 故海内客商
多至止焉。"反映出阳日镇在当时
的地理、交通、商业等情况。三间
书院是阳日镇薄磨街南河水码头上
的三所书院之一，始建于清道光丁
酉年（1837），是湖北地区典型的
四合院布局。洛溪河驿站位于阳日
镇阳日村四组，始建于清代，建筑
面积694平方米，属四合院式天井
古建筑群，为古盐道南河码头上的
一个重要客栈。客栈二楼的木楼板
供背盐的盐背子们开统铺住宿，一
楼是过往客商及盐贩子们住宿的旅
店。薄磨街南河码头遗址位于阳日
镇阳日村，川盐运到薄磨街后装上
木船，经南河水运到达谷城县隔路
嘴码头。

1 \ 三间书院
2 \ 南河码头

猴子石驿站遗址

◆ 二·猴子石驿站遗址

　　猴子石驿站遗址位于木鱼镇猴子石保护站东200米，原建筑始建于明末，直至20世纪70年代老屋尚存。1978年为建旅游点，神农架自然保护区拆掉猴子石驿站老屋，在驿站地基上重建了一处仿古建筑，并在门上挂上了"古盐道猴子石驿站"的木牌，供游客观赏。

红坪镇官封村兰英寨遗址

◆ 三·红坪镇

红坪镇是神农架林区古盐道上的重要聚落，遗存了兰英寨、关帝庙、三道街、税卡等遗址。兰英寨遗址位于官封村，始建于唐代，明清时期有补修。三道街关帝庙遗址位于红举村古盐道驿站西80米，房基尚在，庙宇建筑已毁，现有道光年间修建关帝庙的石碑一块。当地老人介绍，关帝庙香火曾热闹一时，过往盐商、盐背子路过这里，都要上香烧纸许愿，求福避灾。神农架林区原宣传部长但汉民先生在1991年对三道街调查时记录到："三道街过去曾形成过颇具规模的街市。73岁的周基禄先生讲述到：

在他爷爷时，三道街还很热闹，房屋从远望寺到关爷庙鳞次栉比，有半边街，也有'对河街'。那时三道街有三家盐行，驮盐的骡马多达300多匹。三道街一户谭姓人家就养有99匹骡马。三道街是一个巨大的川盐集散地。盐从大宁厂运来，再由这里运往房县、阳日等地。周家收藏的一个盐秤砣，重达几十斤。当时盐业交易的规模由此可见一斑。"可见，三道街与川盐转运的深厚历史渊源。项家台盐卡旧址位于红举村古盐道旁，是明清及民国时期为收取盐税而专门修建的税卡。

◆ 四·背盐歌

　　四川、重庆、湖北、湖南、贵州、云南、陕西境内的古盐道沿线，广泛地留下了一些旧时人们转运食盐的民间歌谣。兹从严永西主编的《神农架民间故事》中选录一首神农架境内具有代表性的《背盐歌》，其内容如下：

大宁厂，开盐行，
累坏了湖北小儿郎。
大昌街上开黑店，
油渣子被窝钻心寒。
杨溪河，到马堰，
川垭子就在大路边。
有钱的哥哥吃顿饭，
无钱的哥哥吃袋烟。
八树坪的苞谷好卖钱，
杀得老子好过年。
阴凉树、蝌蚂井，
路过三墩子继续行。
太平山，自生桥，
黑水河旁来把艄弯。
娘娘坟、水井湾，
苞谷荞麦当的饭。
铜洞沟、黄柏阡，
放马场有个孙玉山。
漆树桠，下碑湾，
碑湾有个李子端。

青树包，我直接走，
一直走到鸡鸣口。
天晴之日心欢喜，
天雨之时有些愁。
有钱的哥哥拉一把，
无钱的哥哥对岸吼。
水田坪还不要紧，
薛家坪有葵花井。
九道梁下无心坐，
接着又上蓁阳坡。
七十二道河难过，
接着又上獐子山。
獐子山上横起过，
接着又下上当河。
上当河有扯垮庙，
薛蛟薛葵取得宝。
狮子崖、门古坡，
来到城里坐一坐。
脚板皮走掉了好几层，
我再生不到房县城。

第十七节
镇坪

　　镇坪位于陕西的最南端，大巴山北麓，东与湖北省竹溪县接壤，南与重庆市巫溪县、城口县毗邻，西北与陕西平利县连界，是川盐入陕的重要交通枢纽。巫溪一带的食盐经湖北竹溪、竹山进入镇坪境内，进而辐射到安康、汉中等陕南地区。

镇坪古盐道遗址

　　镇坪古盐道是川鄂古盐道的进一步延伸，主要有车湾盐道、代安河盐道及鸡心岭山垭盐道等遗址，位于鄂渝陕三省交界处附近，是重庆巫溪宁厂古镇食盐，通过盐夫运往陕南和鄂西北的重要通道。镇坪古盐道的发现为陕南、鄂西北地区食盐运销及其沿革研究提供了重要资料。2010年镇坪古盐道遗址被国家文物局列为第三次全国文物普查重要新发现之一，并于2014年成为第六批陕西省文物保护单位。

鸡心岭古盐道 |

川盐文化圈图录

第五章

川湘古盐道

第五章
川湘古盐道

　　古代湖南不产食盐，食盐供应全靠外省。大部分时间里，湖南实行严格的指定食盐销区政策，主要销淮盐，其次是销粤盐。长沙市、邵阳市、衡阳市、零陵县、广西全县等食淮盐，郴州市、道州市等食粤盐。销往湖南的川盐一般不通过官方渠道，而是通过隐秘、艰险的私盐通道运输。川盐作为私盐备受湖南人民青睐的原因有四，一是价格低廉，私盐减少了政府的收税环节，自然有价格优势；二是川盐产量过盛，除满足本省食用外，有能力向外省倾销；三是盐质好，川盐属于井矿盐，淮盐、粤盐属于海盐，井矿盐比海盐更纯净、咸味更足；四是运输便利，重庆（原四川的一部分）与湘西接壤，川私容易渗透到湖南，四川、湖南接壤的地方地形复杂、山高林密，私盐贩可以轻易地逃避政府的缉拿。

　　新中国成立以前，川盐以合法身份大规模进入湖南有两次。第一次，清咸丰三年（1853），太平天国运动爆发，致使长江运道断航，淮盐不能沿长江上运，湖南食盐短缺，军民苦于无盐可食，清政府破例允许川盐销往湖南。太平天国运动失败，淮盐可以顺利运到湖南，川盐在湖南的销区被逐渐压缩殆尽。淮盐收复湖南大部分销售区域，并规定：销售淮盐之地不许销售川盐，销售川盐之地可以同时销售淮盐。第二次，1937年，抗日战争爆发，沿海地区相继被日军占领，海盐生产遭到破坏，海盐运输到湖南的通道被截断。川盐再次销往湖南，一直持续到抗日战争胜利之后。

　　川盐入湘的运道主要选取廉价、便利的水路，辅以人力、车马陆路运输；大部分川盐通过湖北或贵州

到达湖南，其主要运道有四条。第一条，由泸县运到重庆后，顺长江到湖北沙市，由沙市经公安、石门进入湖南临澧、桑植等地；第二条，经长江到达重庆涪陵后，经乌江运到彭水龚滩，转陆路经过贵州铜仁进入湖南凤凰、麻阳、乾城等地；第三条，由自贡釜溪河经纳溪、九枝、赤水、桐梓、思南、铜仁进入湖南湘西等地，被称为上关道；第四条，由自贡釜溪河经泸州、綦江、松坎、桐梓、遵义、贵阳、贵定、凯里、剑河、锦平进入湖南靖州等地，被称为下关道。

第一节

桑植

　　桑植县位于湖南省西北部，澧水上游，历史悠久。其地势东南平坦，西北山高谷深，北与湖北省宣恩、鹤峰交界，水陆交通便利，陆路由县城东南经五里桥、檐溪坡可达张家界；东经空壳树、两溪口可达慈利；西北经五道水、墇儿坪可达宣恩；北经堰垭可达鹤峰；西经陈家河、上河溪可达龙山；西南经泥湖塔可达永顺。水路向西由澧水中源经陈家河、夹石河、上河溪可达龙山；向东南由澧水经苦竹寨可达澧县；向北经澧水北源经凉水口、芭茅溪可达鹤峰。桑植地理位置重要，是川盐运输的重要通道。

◆ 一·苦竹寨

　　"苦竹"是土家语，意思是两面都是高山。苦竹寨是一个位于高山河谷中的寨子，处于张家界到桑植的古栈道上，初创于唐宋，由于居山临水、地势险峻，为桑植盐运的交通咽喉。清末民初逐步发展为永顺、张家界、龙山、桑植一带的水陆码头，是运输食盐的重要节点。由于繁荣的交通，此地商贾云集、百舸争流，客栈、酒馆、铁匠铺、戏院、庙宇一应俱全，成为澧水北源的交通重镇，物资集散的必经之地。古寨依河岸梯级修建，所有路面都铺设石板，大体呈规则的长条形；寨中建有一条主街，两头设栅子门，具备一定的防御功能。丹心阁（关帝庙）为苦竹寨的核心建筑，是最大的公共娱乐场所，赶庙会、唱大戏、还愿等节庆、祭祀活动都在这里举行。后来，随着陆路交通的发达、现代交通工具的出现，苦竹寨原来的交通地位逐渐下降，最终走向衰落。

1

2

1 \ 苦竹寨
2 \ 苦竹寨码头
3 \ 苦竹寨丹心阁

◆ 二·芭茅溪盐局

芭茅溪距桑植县城75千米，是一个长约10千米的峡谷，因峡谷北面生长芭茅草而得名。澧水北源沿此峡谷奔流到桑植。芭茅溪是川鄂与津澧的要津，地势险要，被誉为"南北锁钥"。清末，政府为控制川盐入湘，在这里设卡征税。民国四年（1915），正式设立盐局。盐局依山傍水，是一栋木石结构的建筑，有2层楼6间房，设哨所，驻武装盐警。贺龙曾经以贩盐为生，每次赶运食盐经过此处，都要受到盐警的刁难和盘剥。贺龙对此忍无可忍，联合谷吉庭、韦敬斋、贺勋臣等21人，于1916年3月16日，从洪家关出发，手持匕首、火枪和3把菜刀，夜袭芭茅溪，刀劈盐局，夺取盐警武装，焚烧账本，打开盐局仓库把盐和财物分给当地群众。随后，贺龙在洪家关村立"讨袁救国"义旗，召集起一支农民武装，从此走上革命道路。

1\ 芭茅溪盐局旧址
2\ 贺龙刀劈芭茅溪盐局菜刀（贺龙纪念馆藏）

◆ 三·南岔古渡

南岔古渡，位于县城北郊，澧水旁，河窄水深。每到澧水暴涨，洪水奔流而下，行人至此，只有望河兴叹，无力渡河，故有"走尽天下路，难过南岔渡"之说。抗日战争时期，这里是川鄂、津澧的交通要道。运盐商旅，川流不息。每到农历春节前后，更是人山人海。这里一度成为繁华的集市。南岔集市家家都开旅店，接纳来往的客人，客人经常爆满。贺龙主持的南岔战役，就是在这里搭起浮桥，诱敌深入，最终取得重大的胜利。随着现代交通的发展，水路运输已经不是主要的运输手段，南岔渡开始颓废，使用渡船的人日渐稀少。

渡船

第二节
龙山县

龙山县位于湖南省西北隅，居沅水支流酉水上游。西北与湖北省来凤、宣恩二县为邻，西南与重庆市酉阳土家族苗族自治县、秀山土家族苗族自治县相接。三国蜀分酉阳县地置嶲阳县，治所在今县东南酉水北岸。南朝梁改名大乡县。唐天授二年（691）分辰州之太乡县置溪州，州治大乡县。五代分溪州置上溪州。元、明二朝置白崖洞长官司。明洪武二年（1369）复置上溪州。清雍正七年（1729）置龙山县，因县有龙山，故名，治新田堡（今民安镇）。龙山县地处湘西中低山丘陵区西北缘，与鄂西山地相连，是鄂湘盐业物资交流的重要孔道。境内多山地，有大灵山、永龙界、曾家界、洛塔界、八面山等南北走向大山。地势险峻，相对高度最高为1518米，陆路运输困难。酉水流经县西北部和南部边境，纳洗车河等支流。在这里，水运是盐等大宗物资运输最重要的方式。

◆ 一 · 洗车河

洗车河，由岩溪河、猛西河交汇而成，经捞车在隆头注入酉水，一直通往辰沅，是沟通湘鄂渝边的主要水运通道之一，川盐进入湖南的要津。洗车河，土家语原称"洌泽"，"洌"指草，"泽"指水，洌泽的意思是两岸草木茂盛。汉人进入后，称此地为洗车河。洗车河镇历史悠久，早在两三千年前就形成了比较发达的文明。在最繁盛的时候，数百只船停泊在两岸大小码头，岸上搬运货物的挑夫遍布大街小巷。为便于两岸交通，清代修建了两座凉亭风雨廊桥，把沿河三岸连为一体。以凉亭桥为中心，放射出东平街、新街、丁字街、湾子街、坡子街等数条古街，商铺、民居分列两旁，一派繁忙的景象。

龙山县洗车河镇 |

1. 古码头

频繁的物资交流，带动了航运事业的昌盛。洗车河镇上涌现出大量航运船队和造船场，以梁家寨的梁心龙、张家寨的张荣祥最为出名。洗车河上所常见是风篷船，一般载3～5吨货物，可通航洗车河各种深浅、宽窄的水域。他们所造的大船，可载80吨货物。大船只能停泊在大码头，需雇风篷小船将货物集运到大码头装载大船。当春夏汛期水涨的时候，大船直达常德或汉口，卸载货物后，将大船作为商品出售。为方便装卸食盐等货物，洗车河镇先后捐资修建了河东、王过巷子等10多处码头。停泊在各个码头的风篷船首尾相接排队等待装卸货物，码头上挑夫川流不息。

洗车河古码头

2. 凉亭桥

　　大小两个凉亭是洗车的名片。洗车河是有名的桥镇，两座凉亭桥把两江汇流形成的 Y 字形三岸连为一体。洗车河因水运优势兴盛数百年，赢得"小武汉"的美名。这两座古凉亭桥，一座称大河桥，一座称小河桥，南北向。大河桥建于清乾隆四十五年（1780），由肖家霖等捐修。河中两墩均为梭子形尖角青石墩，各接头铆有铸铁衔口嵌紧。墩高11.5米，墩上为木梁结构，俗称"喜鹊楼"。桥面为走廊式风雨凉亭桥，小青瓦盖面，青砖垛脊，桥两头砌有青砖封火墙。桥廊长43.3、中高4.8、檐高3.9米，两边雨板各伸出1.1米。整个建筑布局严谨，石木工艺精湛，是湘西保存得最好的一座风雨桥。小河桥横跨猛西河入汇口。光绪十三年（1887），由易得新修建。此桥两台一墩，上架凉亭，名小河桥，是通往苗儿滩、隆头、里耶等地的必经之处。其式样与大河桥完全相似，为走廊式风雨凉亭桥。与大河桥双璧辉映，横亘二水，形成洗车河镇八景之一的"双虹卧波"。

凉亭桥 |

3. 坡子街

坡子街过去是津通巴蜀的唯一通道，背靠茶果飘香的五峰山，西临一坡竹林之下的猛西河。它是用一块块青条石一级一级硬砌上来的一条石梯古街，人称"天街"。从下至上共265梯，每梯10～20级，石阶平均长度不到3米，梯与梯之间按坡度大小收砌成15级平台。平台有大到一百来平方米的，小的不过几平方米。在梯街两边，人们因地制宜，修起百十栋住房、店铺。坡子街过去是本埠陆路的出入口，地居要冲，是各地食盐、桐油、漆、五倍子等土特产的首入之地，素有"银子窝"之称。

1

2

3

1\ 坡子街
2\ 杂货铺
3\ 盐店
4\ 驿站

4

◆ 二·里耶

里耶是龙山县南部商业和交通中心，是川盐进入湖南的重要集散地。沈从文在《大山里的人生》中写道："白河上游商业较大的水码头名'里耶'。川盐入湘，在这个地方上税。"位于湘、鄂、渝、黔四省市的交界处，背靠险峻的八面山，西邻酉阳、秀山，东望保靖。明清时期开始兴市，凭借酉水连通湖南、四川，逐渐成为重要的水陆码头。里耶历史底蕴深厚，其古城遗址是南方唯一的一座秦代古城遗址，城中出土的3万多枚秦简是秦代历史的重要见证。由于特殊的历史价值，2005年，里耶被颁定为"中国历史文化名镇"。

1. 里耶古街

水路是古代的高速公路，里耶通过酉水可达巴蜀、荆楚，是重要的商旅通道。清雍正七年（1729）实施"改土归流"，汉人大量涌入经商，里耶成为湘鄂川三省的贸易中心。经济的发达带动城镇的发展，迄至清代，里耶形成四川街、江西街、辟疆街等七街十巷，每条街道都直通河码头。古街内，商铺林立，各家铺台货柜，陈列着来自天南地北的商品，食盐、布匹、粮食等一应俱全，南腔北调的过客把古镇塞得水泄不通。时至今日，摩挲着古镇密匝的青砖黛瓦，仍然可以想象当时的繁华景象。

1\ 里耶古街
2\ 巨商彭景丰宅邸

1

2. 里耶古码头

里耶古镇居酉水北岸，沿岸有上、中、下3处码头，其中以中码头和下码头最为繁华。每天在这里停泊的船只多为乌篷船，大小不一，一百多只乌篷船停泊岸边，船上灯火与岸上灯火交相辉映，形成古埠独特的气象。北岸一色的吊脚木楼，带有土家族干栏式建筑的独特风格。木楼里大多是客栈酒肆，有弹唱小曲的，有打渔鼓唱世情的。里耶的水上运输是最发达的行业，食盐是其中不可缺少的货物。里耶的船队分为3个帮口：长水帮，通常有80多艘大船，往下游运送货物至常德、武汉等地，一般一年跑4次长途。短水帮，有中等船只30艘左右，往返于保靖、王村、罗依溪、沅陵。上水帮，有船40多艘，俗称"转转场"帮，四五天往返于里耶和上游各小集市圩场，每年有几十万担货物的运输量。

里耶古码头

第三节
凤凰

　　凤凰古城原名镇竿，位于沱江之畔，群山环抱，自古以来一直是苗族和土家族的聚居地区，明始设五寨长官司，清置凤凰厅，因城西南有一座小山，形态酷似展翅而飞的凤凰，古城因此得名。凤凰古城始建于清康熙四十三年（1704），古城布局基本呈方形，城墙采用当地盛产的红砂岩砌筑，工艺较为考究。作为少数民族聚居地，凤凰古城也是作为朝廷驻兵防范少数民族"作乱"的军事重镇之一。凤凰位于"五溪"地区，与川、黔毗邻，是川盐运输的通道，因而地理位置十分重要。2001年被国务院列为中国历史文化名城。

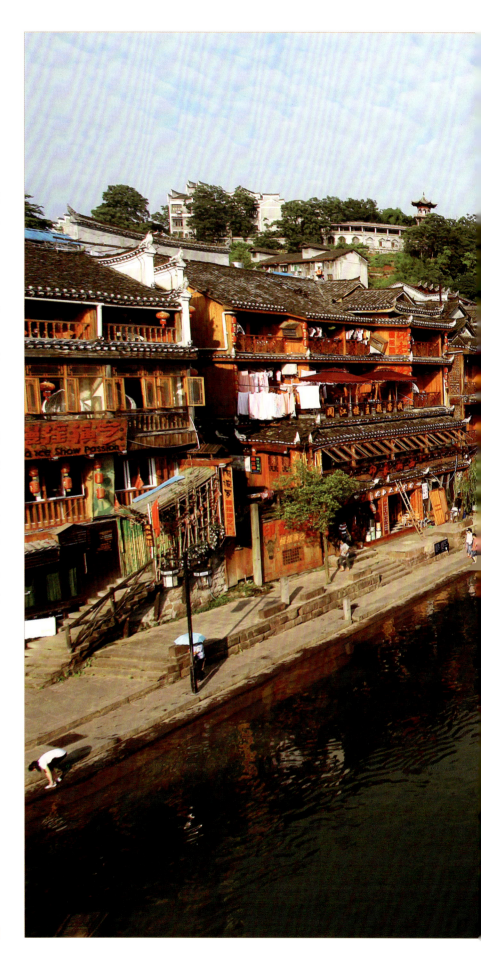

凤凰古城

◆ 一 · 沱江河

　　沱江河是凤凰古城的母亲河，沱江的南岸是古城墙。沿沱江边而建的吊脚楼群在东门虹桥和北门跳岩附近。沱江河河水清澈，城墙边的河道很浅，水流缓慢，可以清晰地看到在柔波里招摇的水草。可以想象，在主要依靠船运的时代，凤凰古城会是怎么一派繁忙的景象。

沱江河

◆ 二 · 虹桥

　　凤凰古城的虹桥横卧于沱江之上。据考证，这座桥始建于明洪武初年，已有600多年的历史。关于虹桥，还有一个有趣的传说。在明朝初年，有一位风水先生对明朝的开国皇帝朱元璋说，他从昆仑山开始追索一支龙脉，经云贵高原来到了凤凰古城一带，此地就有他要寻找的龙头。并且推断出总有一天这个地方会有人出来问鼎中原，成为未来的真命天子。刚刚当上皇帝的朱元璋自然不愿意看到有人出来和自己争夺天下，所以下了一道命令，在沱江之上建了一座桥，目的是用这座桥斩断龙脉，让凤凰的风水遭到破坏。无论传说真实与否，虹桥已经成为了凤凰古城的标志性建筑之一。

虹桥 |

第四节

洪江区

◆ 一 · 洪江古商城

　　洪江古商城坐落在沅水、巫水汇合处，地处湘西雪峰山边陲，自古为驿站、商埠。洪江历史悠久，3000 年前即有先民活动，起源于春秋，成形于盛唐，明清时期发展成为烟火万家的巨镇而臻于鼎盛，以集散食盐、桐油、木材、白蜡、鸦片而闻名，是滇、黔、桂、湘、蜀五省地区的物资集散地，是湘西南地区经济、文化、宗教中心，素有"湘西明珠"、"小南京"、"西南大都会"之称。

1 \ 洪江古商城
2 \ 洪江古商城盐仓

2

3

1

1、洪江古商城淮盐缉私局
2、洪江古商城厘金局
3、洪江古商城窨子楼建筑群

◆ 二·码头

　　码头是商帮货物进出和商贸交易的平台，是洪江古商城商业繁荣的标志性建筑。洪江商帮，由于外籍商人有"五府十八帮"，所以码头也多，因为每个帮会和行会都有自己的码头，如江西商帮有江西码头，贵州商帮有贵州码头等。古商城的码头，宽2～20米不等，长有40～100级，如长码头有90级，高码头有113级。码头是商业网点集中的地方，便于同行业聚居一方。各会馆、神庙，都有自己的专用码头。这些码头多依水码头而建，方便经营和行业管理，促进行业集中，行为规范。据民国二十七年（1938）《湘水道查勘报告》记载，经常停泊在洪江的载重10吨以上的大帆船有511艘，小船近千艘。每年有90多万立方米的木排在洪江码头进出。因此，洪江商帮完全垄断了洪江流域的水运业。在全盛时期，光水运从业者就多达一万多人。船排水运，既沟通了洪江的交通贸易，也给洪江古商城运来了繁荣与辉煌。

码头（洪江镇大桥）

2014年川盐古道考察日记节略

在川盐古道的实地考察中，考察组成员坚持做好每天的考察笔记，现将关于考察过程、路线、田野点及重要盐运文化遗存等少部分内容整理如下，以分享考察的点滴收获，记录当时考察组的调查"实态"。

◆ 4月21日 周一 小雨转阴

今天是我馆（自贡市盐业历史博物馆）考察川盐古道的出发日期，考察的首站选取了泸州市合江县。在程龙刚副馆长的带队下，考察人员黄健、缪自平、邓军及李敏一行五人，在上午10:30到达合江县文物管理局（合江县汉代画像石棺博物馆），该局贾雨田局长亲自接待，在办公室进行了两小时左右的交流。程馆长先向对方介绍了我们此次考察川盐古道的背景，座谈交流中考察组了解到自贡井盐运到合江再转运至赤水、茅台、毕节等地的具体路线等问题，合江县地方文史专家吴鹏权先生向考察组详细介绍了民国时期合江盐运的历史，结合他在赤水河上行船的经历，详细讲述了赤水河盐运的船形、路线、险滩分布及船工的生活习俗等。

当天下午，地方文史专家何开明先生陪同考察了白鹿镇上的古盐道、古街道建筑群、施公馆、江西会馆等遗存，该镇是仁岸、永岸盐运道路上的一个驿站。何先生讲述到合江的早豆花、先市酱油、福宝高腔等"非遗"与盐运有一定的关联。从白鹿镇返回时考察了合江县城的马街和盐仓巷旧址。第一天首站的考察，对合江盐运的历史和文化遗存有了初步的整体认识，考察组获得了许多重要的新发现，进一步清晰和凝练了后续考察的主要对象，确定了需要重点深度访谈的盐运路线、盐运群体、盐运组织、盐运文化遗产、盐运与区域发展等专题，更加肯定地认为对川盐古道的考察和研究必将具有重大意义和价值。深夜

12:40田野笔记整理及次日考察安排计划完成，整天的考察和资料梳理工作圆满完成。

◆ 4月22日 周二 阴

早餐后，在合江县文物局张采秀副局长、何开明先生陪同下，合江文物局用电影放映车送我们到天堂坝及福宝镇考察。途中自然生态及风光优美，只是途中因修路而少部分路段路况欠佳，经过两小时左右的车程，到达天堂坝。天堂坝曾是一个盐运驿站，遗憾的是现在已经较难寻觅其踪影。中午在天堂坝吃完午餐后，打算驱车去泸州与贵州交界的武定门考察并拓印武定门附近的盐道碑，但是因为武定门处于山垭口，考察时正在修建公路，路面是泥巴路及近几天下雨的原因，路况太差，座驾无法抵达，不得不忍痛放弃了考察武定门的安排，故而转回福宝古镇。下午抵达福宝古镇时，镇上的钟主任热情接待了考察组并对古镇做了非常棒的讲解。福宝古镇是一个典型的因盐运而兴起的重要驿站，其遗存下来的文化事项较多，有马帮文化、会馆、炎帝庙、牛王庙、盐马古道等，具有丰富的历史文化内涵。

考察中何开明先生讲述到，据合江文史资料记载，合江生产的竹木在历史上大量销往自贡地区，供应自贡盐场的盐业生产。合江地区的楠竹、杉木产量大，是自贡地区盐业生产中所需要的大宗物资。运输竹木主要是通过竹排运输，合江有竹木帮。合江有一条纤藤街，与盐运相关，主要生产拉船的篾绳及捆靶子的绳子，这条街居民大多以制作纤藤为主业。

福宝古镇考察完后，驱车回到合江县城，结束了一天的实地考察。

◆ 4月23日 周三 晴

早上8:30，合江县文物局贾局长请我们品尝盐运非物

质文化遗产——合江早豆花。饭后，驱车前往赤水河岸边的先市考察，约9:20抵达先市酱油厂，此处生产的酱油在历史上与盐及盐运有深远的历史关联。我们刚步入厂区便注意到刻画得非常醒目的"酱由盐兴"四个大字，揭示了自贡等地的井盐与先市酱油交织的历史文化内涵。之后，考察了先市古镇传统街区。中午，抵达另一盐运重镇——尧坝古镇。据尧坝镇政府的工作人员讲述，尧坝在泸州历史地理区位上，是成都到贵阳的东大路，也是盐运大道上的节点，尧坝古镇的兴衰直接与此路有密切关联，20世纪50年代修建公路以后，尧坝开始衰落。清末以来，尧坝古镇大宗马帮货物运输多半是盐巴，穷苦人家为节省盐，将粗盐块块用麻绳拴住，做菜时将盐在锅里搅动一下即提起，称为吃"打滚盐"。官盐要从出产井盐的自贡买来，运至贵州赤水的盐务局，途中经过尧坝将部分盐巴偷卖给尧坝商人。民国时期尧坝盐店有十几家，有个叫李三盐巴的人，仅贩了三五年的盐，手头就明显富裕起来，又建房又买地，在尧坝大名鼎鼎。民国年间，尧坝街上设有稽查所、税管所，负责征收盐税等。尧坝古镇考察完后，驱车到泸州市区与泸州市文物局冯健局长交流关于纳溪、叙永等地的考察。交流完毕后，随即驱车前往纳溪文管所，双方高效地交流后便赶往永宁河上非常重要的盐运聚落——乐道古镇考察，因远离公路主干道及依傍在永宁河回水沱岸边，遗存下古道、传统民居及石板街道、古渡口、永宁河船工号子等盐运文化遗产，古镇宛如世外桃源，让考察组十分惊喜。

◆ 4月24日 周四 晴

上午，纳溪区文管所邀请了当地的王少彬（83岁）、王少文（76岁）两位先生陪同考察组考察，两位先生是亲兄弟，在民国及新中国成立初期曾在永宁河、赤水河上行船运盐。两兄弟向考察组展演了永宁河船工号子，并详细讲述了上水、下水、平水船工号子的区别，尤其有意思的是永宁河流域还有"背船"号子。他们还讲述了永宁河盐

运的路线，船运中特殊的运输术语，比如换钟（换工），运输中不能说"翻"、"沉"等字眼，不吉利。考察组实地考察了渠坝镇、上马镇及桢楠林、江门等地，王少彬、王少文在考察中做了生动的实地讲解。

下午，驱车前往叙永，与叙永文管所黄静所长等人交谈后，发现叙永境内的盐运文化遗产极其丰富。随即考察了叙永县城中的陕西籍盐商修建的春秋祠及叙永陕西街、江西街、肉市街及布市街古街道。考察还发现，叙永鱼凫古街上制作了以盐运为主题的雕塑，旧城区河岸文化长廊上制作了雪山关、盐号等主题雕刻，从文化景观的视角展现叙永的盐运文化。

◆ 4月25日 周五 阴转阵雨

今天在叙永县文管所刘新老师的陪同下，考察了永岸盐运的文化遗产，调查点为震东乡普市村及雪山关。普市村在清代民国时期是叙永到雪山关段上的一个陆运的中转站及驿站，具有重要的交通要塞地位，曾有10来个会馆庙宇，该村落遗存了盐运碑刻、运盐的背耙子、背篼及蓑衣等实物。中午，抵达雪山关山脚下，沿着光滑的石板盐道向山上行进约半小时，便抵达了雪山关关隘。该关隘，是贵州和四川的地理分界线之一，十分雄伟，因海拔较高、常年积雪天数较长，故名雪山关。护国战争时期，蔡锷将军带兵入川，便是经雪山关。雪山关段古盐道长度至少一公里，因历史时期常年大量的客商、运盐力夫等经过，是一条川黔之间经贸和商品流通的要道，沿途留下了大量的打杵印，见证着盐道的沧桑和逝去的繁华。

雪山关考察完后，考察组驱车返回自贡，结束了对泸州境内的初步考察。

◆ 5月14日 晴 周三

今天，继我馆4月21日至4月25日开展了在泸州境内的合江、纳溪、叙永的考察后，我馆程龙刚、黄健、缪

自平、邓军一行4人开始了川黔古盐道"綦岸"、"涪岸"及"仁岸"的盐运历史文化考察。上午，抵达重庆市文化遗产研究院，该院邹后曦院长、白九江副院长给予了热情接待。程馆长全面阐述了此次考察的背景、目的和意义后，邹院长明确表示研究院给予此次考察大力支持，并积极支持10月份召开的"川盐古道与区域发展"学术研讨会。在白院长的具体安排下，联系了江津文管所、綦江文管所、涪陵博物馆、酉阳县文管所四个单位的主要负责人给予考察的支持和配合。

下午三点左右，考察组驱车抵达江津区文管所。该所张亮所长等热情接待了我方。张所长介绍到，境内与盐运相关的有白沙古镇及该镇的盐商、支坪镇真武街、仁沱街。简短的交流后，在文管所甘先生的带引下，抵达江津区支坪镇真武社区。真武是巴蜀商船入黔和黔船入蜀的中转渡口，是蜀盐、广柑和黔锅等商品的集散地。真武社区书记黄昌荣向考察组讲解到，真武的马家洋房是一个叫做马俊良的商人（主要贩卖棉纱和盐）在民国时期修建的住宅，洋房旁边就是盐仓，整个占地面积15亩左右。真武社区，在历史上有三官十八庙之说。在清末民国时期，真武有7座城门，非常繁华，店铺是24小时不关门，全天营业。从贵州沿綦河而下，主要装载贵州生产的煤、铜矿及木材、药材、土特产等物资。真武街，还保存着重庆市级文物保护单位马家洋房及天上宫、万寿宫、南华宫等真武客家会馆群。

下午5点，从真武返回江津城的路上，到达了支坪镇仁沱街，这是一个古盐运中专码头，至今还保存着王爷庙。

◆ 5月15日 周四 阴

今早7:40驱车从江津出发，约8:50抵达綦江县城。綦江博物馆馆长、区文物管理所所长周铃先生热情欢迎考察组一行人员。周铃先生近年来对綦江境内盐业有相当的关注和研究，并对綦江盐业与南平僚之间的关联有较深入的思考。简单交流后，周所长带考察组到上升街保兴盐号

遗址（1939年时韩国临时政府办公处曾设在此处）考察，遗憾的是已经被拆除。之后，考察綦江河段的县城沱湾码头、东门口码头和金铺堤。綦江，因水路交通因素及盐运的发展，在历史上非常繁华。乌江在历史上有很长一段时间不能通航，故转走綦江到贵州，对綦江的航运有重要促进作用。据介绍，历史上，綦江有南平僚人居住，南平僚作为一个族群，曾参与贩盐和运盐，僚人在历史上的重要经济命脉是贩盐和采集丹砂。僚人最重要的商品是盐、酒、茶、丹砂等。

下午，考察组重点对綦江的盐运重镇 —— 东溪古镇进行了专题考察。东溪古镇，是中国历史文化名镇，建镇已有1300多年，原名叫做万寿场，始建于公元前202年。东溪现有保存较为完好的盐马古道、王爷庙、万天宫、南华宫、龙华寺、观音阁等，古桥众多，有太平桥、上平桥、永久桥、风雨廊桥。古镇是自贡为主的川盐经江津运到綦江后的重要水运码头，东面的綦河可直达长江，上溯黔境，陆路交通也是四通八达，使东溪成为一个商贸云集的繁华之地。作为川黔要道的重要口岸，历史上东溪是其重要通道之一。自贡盐业溯綦河运到东溪古镇王爷庙后，上岸走陆路转运至贵州。綦江电视台记者贾海涛在东溪古镇上对考察组此次考察綦岸和綦江、东溪古镇的背景、意义和价值进行了采访。

◆ 5月16日 周五 雨转阴

今早7:55左右，从綦江驱车前往涪陵，约11点抵达涪陵博物馆，该馆黄海馆长接待了我们。据他介绍，涪陵城区现阶段与盐业相关的物质和非物质文化遗产寥寥无几。黄海馆长帮考察组联系了长江师范学院武陵山区研究中心的刘安全博士，刘博士近年来对郁山盐业进行了深入的研究，博士论文便是对晚清至民国郁山盐业人类学考察的研究，考察组与刘博士进行了深度的交流。交流完后，驱车抵达涪陵城区的滨江路，考察乌江和长江交汇处盐运水道、码头。

◆ 5月17日 周六 阴

今早7:30，驱车从涪陵城区出发，约9:30抵达武隆江口镇。该镇是乌江重要支流芙蓉江与乌江的交汇处，是川盐运输的重要码头。邹智详老人（70岁）给我们讲述了江口镇盐运、背盐的基本情况。10:35左右离开江口镇，于12:20左右抵达黔江区濯水古镇，该镇是阿莲河流域川盐运输路线上重要的集镇。下午，考察组前往乌江盐运重镇——龚滩考察。龚滩，是涪岸川盐运输黔东北地区的重要集散地，素有"钱龚滩"之美誉，是乌江流域非常典型的因盐运而兴的古镇，主要转运自贡等地区的巴盐，自古就是川盐、山货、土特产以及百货的水上转运站和货物集散中心。在这长约2公里的狭窄地带，竟聚集了上万商贾船工背夫，可谓百业俱旺，盛极一时。古镇留存了大量的与盐和盐运相关的物质和非物质文化遗产。如西秦会馆、古盐道、纤道、半边街盐仓、盐号、盐工号子，并且还有健在的民国时期运输川盐的老盐工。据20世纪40年代在龚滩至贵州思南河段运盐的现年80岁的老船工——冉崇辉老先生介绍，龚滩主要中转的是自贡产的巴盐，从涪陵上运的盐在龚滩中转，通过龚滩运到贵州思南和石阡等地区，从龚滩到思南，上运需15～20天左右的时间，因为是逆水而行，一般一个船工拉货量是一吨左右。运盐船只返回时，主要是将贵州的粮食、桐油、石灰、生漆等运出来。

◆ 5月18日 周日 晴

上午，继续在龚滩考察。考察组对川主庙《永定章程》碑进行了拓印，并进一步访谈了冉崇辉老先生。并且，和龚滩古镇文化专干董老师进行了深入交流，董老师告知：龚滩最繁华的时候，实际上是在抗日战争时期，当时乌江航道担负起大量物资的运输。在抗战时期，龚滩是何其之繁荣，背老二、船夫在镇上就有几千人，承担着湘西、渝南、沿河、思南等地物资的集散，黔东南、川东南、昆明

的物资都会在龚滩集散。龚滩码头文化厚重，是天南海北的人来此，龚滩这个小地方真正是百家姓。

约下午3:30驱车从龚滩出发，在6:10抵达酉阳龙潭古镇。龙潭历史悠久，曾有"货龙潭"、"小南京"的美誉，处于渝湘黔鄂四省交界地带，凭借龙潭河、酉水河之便，逐渐发展成为重要的商业集镇，古镇上有赵世炎故居、刘仁故居、万寿宫、禹王宫以及吴家院子、王家院子、赵家院子、谢家院子、陈家院子、甘家院子等民居。

◆ 5月19日 周一 雨转晴

今天上午在酉阳龙潭镇考察，下午驱车经过秀山抵达贵州铜仁市沿河县考察。

早餐后，重点考察龙潭古镇的吴家院子和赵世炎烈士故居。下午，沿着326国道约16:00点抵达贵州沿河县，县文物管理局张拥军局长亲自接待，同时邀请了沿河县文史委员会主任张体珍先生对境内的盐业、盐运做介绍。据介绍，沿河分东西两岸，历史上河东号（盐号）、河西庙均有10多处。运到沿河的盐，主要分销务川和道真。沿河晓井乡还保存着盐道，是官贸大道。

新中国成立前，乌江航道是沿河唯一的交通动脉，川盐由四川涪陵运至龚滩，转载运来沿河，分售到湖南的花垣、凤凰、麻阳，四川的酉阳、秀山，贵州的铜仁、玉屏、石阡、思南、江口、印江、松桃、德江等地，曾一度使沿河成为"内销盐运"的集散地。沿河所需的百货、五金、糖、烟等物资皆仰给于外部供给。沿河的大米、玉米、黄豆及桐油、木油、五倍子、皮张和野生药材、竹木等农副产品，每年亦有大宗运出。沿河乌江航段的船只，无论大小，均为歪屁股木船。考察还发现，沿河与自贡方言有许多词语的使用高度相似，如"慢慢走"、"要不要饭"、"将就"、"先走一步"等地方方言词汇。

◆ 5月20日 周二 晴

今早，程馆长约6:20便外出到沿河滨江路段考察，他访谈到一个沿河物资局的退休人员，该报道人告知原来沿河县城有4个码头，河西有三个（东风码头、盐码头、程贵阳码头），河东有一个秀阳码头，除盐码头外其余三个均是建国后兴建。据说，贺龙领导的红二军团渡河，便是从河东到河西渡河，从盐码头上岸，划船的便是乌江上的船夫。

早上8:30上班时间刚到，考察组一行便抵达沿河县文史委员会，张体珍主任赠送了民国版本的《沿河县志》及《沿河地理志》等珍贵图书资料给我馆。之后，驱车从沿河出发，穿过印江县，经过沙沱、谯家、沙子坡等镇，在中午抵达思南县，县文物局汪汉华局长在高速路口接待。下午，考察了周顺和盐号（周家盐号）、乌江博物馆（府文庙）、老县衙、万寿宫、旷继勋烈士故居、川主宫（庙）、王爷庙。周顺和盐号是整个川盐古道上保存得最为完整的盐号旧址，已成为了全国重点文物保护单位。据当地老人们讲，昔日的贵州省思南县"周家盐号"，掌管着西南片区几十万人吃盐的"命脉"。

晚饭时，考察组和思南田永红老师、姚敦睦老师等地方学者交流，二位先生赠送了《盐号》及《乌江盐油古道》图书给我方。据说，在思南，旧时死了人，一般会说"挑盐巴去了"，说明出运盐的艰险和路途的遥远。

◆ 5月21日 周三 暴雨转阴

清早，思南县城下起了暴雨，考察组冒雨驱车赶往周家盐号。思南文物管理局汪汉华在周家盐号组织召开了座谈会，参会人员有汪汉华的父亲汪育江老先生、吕胜田（原思南县图书馆馆长）、姚敦睦先生、胡永芳副局长、张玉亮（乌江船工号子传承人）、刘明礼（乌江船工号子传承人）、周业洪老人及我馆4人。近两个小时的座谈会上，考察组对整个思南盐运历史及其文化有了全面的把握，并领略了乌江船工号子的魅力。

下午，考察组赶往遵义与遵义文物局李局长交流在遵义境内考察的工作事宜。晚餐后，李局长为我们协调了遵义考察行程、下属区县（县级市）文管所协同考察等重要事项。

◆ 5月22日 周四 阴天

早上，从遵义市区出发，在遵义南站上高速路，约8:40到达鸭溪镇。考察组考察了鸭溪高速路口的古盐道雕塑，鸭溪水淋岩古盐道、古桥及收集到了一居民家的盐砝码。

中午，到达毕节市金沙县。下午，在文物管理所李庆阳所长的陪同下考察了金沙县与古蔺县交界的渔塘河碑刻群，之后驱车考察清池古镇。该镇的万寿宫里留存了塔式建筑，非常罕见，给考察组留下深刻印象。从清池镇返回县城时天色已晚，崎岖狭窄的山路及山雨，让返程之旅增添了丝丝危险。

◆ 5月23日 周五 阴

今天主要考察了金沙县城和赤水河流域的茅台、马桑坪、吴公岩、二郎滩等。

上午，考察了金沙县城罗马街（骡马街）金沙盐号，该盐号保存较为完好，内有石砝码等，考察组拓印了一个刻有"黔边岸"文字的石砝码。之后，考察了金沙五里坡古盐道，该段盐道保存得相当完好，约2公里长，有清晰可见的马蹄印痕迹。此外，还考察发现了金沙盐碉，十分具有代表性。

中午，抵达茅台中国酒文化博物馆，仁怀市文物管理所给予了接待，考察中国酒文化博物馆时发现了茅台酒和赤水河的盐运渊源，即茅台酒是因川盐运销而起源和发展起来的。之后，驱车前往马桑坪考察，在此发现了规模较大、保存较好的华家盐号。紧接着，往前驱车几公里，便到达了吴公岩，吴公岩附近还遗存了纤道、摩崖石刻、《吴公浚河记》碑刻。随后，考察了二郎滩。傍晚，赶到土城镇住宿。

◆ **5月24日 周六 阴**

上午，先后考察了土城镇赤水盐运博物馆、船帮会馆、女红军博物馆及四渡赤水博物馆。下午，重点考察了丙安古镇。丙安古镇考察结束后，对贵州境内的考察暂告一段落，考察组返回自贡整理考察资料，筹备重庆、湖北、湖南境内古盐道的考察工作。

◆ **6月12日 周四 雨转阴**

经过近3周的对前期考察资料的整理及后续考察活动的筹备，今天我馆宋青山、缪自平、周劲、李敏、邓军一行五人开始了对川鄂古盐道的考察。此阶段考察的首站选取的是石柱西沱古镇，中午从自贡驱车出发，傍晚7点抵达西沱云梯街，随着天色渐暗，考察组抓紧对云梯街进行了实地踏勘。

位于石柱县境内长江岸边的西沱镇，原名西界沱，2003年入选第一批中国历史文化名镇。西沱是长江边上川盐入鄂的重要水码头，自贡、乐山及渝东地区的食盐水运至西沱后，翻楠木垭（或刺竹垭）经过青龙场（或鱼池坝）、石家坝、黄水坝、万胜坝（或双河）到白羊塘翻七曜山至湖北利川汪营，再到利川、恩施和咸丰等地。

西沱镇"云梯街"是当地盐运古道的起点，沿着脊走向由长江岸边直达山顶。晴天隔江相望云梯街，石阶层层叠叠，石板光辉刺眼，状如云梯，直上云霄，故名云梯街。云梯街长约1.9公里，共有112个石阶台面，1124级石阶踏步。云梯街两侧主要有下盐店、上盐店、禹王宫、永成商号、南龙眼桥、北龙眼桥、民亭、万天宫、紫云宫、南城寺等文物古迹。

◆ **6月13日 雨转阴 周五**

今天主要考察了西沱古镇及黄水古镇。上午，主要对云梯街进行进一步的考察。之后，到西沱镇政府交流。镇政府杨兴林老师给予了热情接待，赠送了部分关于西沱古镇的基础资料，并介绍西沱沿江社区的支部书记谭红建先生给我们讲解西沱的盐运民俗。谭支书原在自贡工作了一段时间，而且他对社区的历史文化极其热爱，非常热情地接待了我们。谭支书如数家珍般地向考察组讲述西沱和盐运、西沱与自贡之间的关系，他认为西沱古镇历史上的发展主要就是因为运输川盐，而尤其是转运自贡井盐。谭支书的好友黄林平先生给我们讲了西沱盐运路线和概况。让我们由衷敬佩的是谭支书和黄宁平先生对地方民俗文化的热爱，近年来他们搜集的实物非常多且很珍贵。并且，谭支书非常慷慨地赠送历史时期盐运的扁背、打杆及马灯等他们艰辛收集到的不可多得的实物给我馆。

午饭后，本打算上七曜山考察楠木垭古盐道及驿站、碑刻，但天公不作美，下起了瓢泼大雨，考察组不得不调整方案，便从西沱驱车到黄水，经过层层的盘山公路，终于在17:50到达。考察组抓紧考察了黄水巴盐古道博物馆及古镇传统民居建筑，较遗憾的是，随着黄水生态旅游开发的推进、经济的大力发展，许多传统客栈等盐运文化遗产已消失。

◆ **6月14日 周六 阴雨交加**

早上，从黄水出发，约11:00抵达忠县，与忠县文物管理局原局长、渝东盐业史研究专家曾先龙先生会谈忠县境内古盐道考察事宜。曾先生介绍，因三峡大坝的修建，水位达到175米时，忠县境内的盐业遗址已经全部被淹没。在曾先生的陪同下，考察了中坝遗址露出水面的小部分区域，不过幸运的是我们博物馆在二十世纪八九十年代对该处有考察，还存有当时的照片等资料。之后，考察了白公祠，在白公祠考察组发现了2个清代民国时期称盐的秤砣。

午饭后，从忠县出发，约15:00抵达忠县涂井乡，考察了涂井老街及盐灶、盐井遗址。傍晚，从涂井出发，约晚上21:00抵达云阳县城，就餐后于22:10入住宾馆。

◆ 6月15日 周日 阴雨交加

昨晚，下了一夜的大雨。今天上午，大雨依旧。9:30左右，云阳文管所温小华先生在宾馆接到我们到云阳三峡博物园考察。云阳云安盐场是川东著名盐场，因三峡大坝的修建，整个云安古镇及云安盐场全被淹没。云阳三峡文物园内有从云安镇搬迁来的陕西牟楼、维心学堂等。据温所长介绍，很遗憾的事情是云阳古镇和白兔盐井被淹掉了，当时没有钱去保护，现在有钱了，又想重新去复原盐业遗址。

下午，在云阳考察了全国重点文物保护单位张飞庙，张飞庙在长江边上，旧时过往的盐船工人大多要祭拜以保佑盐运平安。约15:20考察组从张飞庙出发，在17:50抵达巫溪盐泉酒店入住。

◆ 6月16日 周一 晴

今天，终于迎来了久违的晴天，暂时结束了冒雨考察的日子。上午，到巫溪的三峡公司和陈总交流，陈总介绍了巫溪盐业的基本情况，并告知他们正在宁厂古镇筹建地方盐业历史博物馆，做整体的旅游开发。午饭后，从巫溪县城出发，约14:30抵达大宁盐场（宁厂古镇），考察了盐厂生产遗址及龙君庙、老街等。

约17:20，考察组从大宁盐场出发，驱车翻越大巴山。路上全程由宋馆长驱车，山路非常弯曲，加之道路正在施工的原因，许多路段只能单向通行，路况非常差，共约220公里的路程，花费了6小时的时间。经历重重险阻，在23:20抵达竹溪县城，因太晚，大家再次以方便面、八宝粥及面包作为晚餐。

◆ 6月17日 周二 晴

约8:20，竹山移民局局长袁平安、县新闻办总编辑王素冰两位先生来到宾馆与我方做了简单的交流，并赠送了图书《秦巴古盐道》。在8:50左右，竹山县移民局王主任带我们从宾馆出发，约9:30到达官渡镇秦巴民俗博物馆，馆长曾和林先生陪同我们参观博物馆及其与盐运有关的展品。约13:30从官渡出发，14:20开始考察竹山民国时期大盐商宅邸——王三盛院。之后，驱车抵达竹山县博物馆，参观了当地的出土文物等。晚餐后，驱车前往竹溪，深夜11:20安全抵达。

◆ 6月18日 周三 晴

早上，竹溪县文管所柯美新先生与我们共用早餐。9:20到竹溪县文管所和熊局长等人座谈交流关于竹溪盐运历史文化的基本情况。座谈会上，地方文史专家赵璞玉先生结合他已有的研究和搜集到的口述史资料，详细讲述了竹溪县内的盐道概况，并赠送了他撰写的书籍《十八里长峡》。之后，参观了竹溪县文管所文物库房。

11:20从竹溪县城出发，经过泉溪镇后在下午2:30到达天宝镇吃午饭。约15:00从天宝出发，15分钟车程后抵达葛洞口村，考察了该古村落古盐道遗址。傍晚，考察组抵达桃源乡，受到乡政府领导热情接待，并在政府办公楼安排了住宿。

◆ 6月19日 周四 晴转阵雨

早上在桃源乡政府吃过早餐后，驱车出发，约10:20抵达向坝乡双坪村村委会办公楼（双坪林业管理站）与陪同我们考察卡门湾古盐道的胡值雁先生（61岁）汇合。考察组在双坪村4组李平相（79岁）家里搜集到背篓和打杵。11:15左右，在向导的带领下我们驱车到卡门湾山脚下。在山脚一户农家吃完自带的面包、牛奶、矿泉水等路餐后，

11:50开始从山脚徒步登山，经过80分钟的攀爬后抵达卡门湾，几经寻找发现了《万古不朽五福桥》碑刻。大家冒着突然而至的山雨对该碑刻做了拓片。

据胡值雁介绍，他的父亲在新中国成立前曾从事背盐，卡门湾那个地方经常是土匪出没的地方，打劫盐客。原计划今天再去好汉坡考察，但因时间原因，没能去成，留下了遗憾。

宋馆长因公务缠身，考察完成后考察组驱车返回巫溪县城。

◆ 6月20日 阴转雨 周五

今天，考察人员做了调整。宋馆长因需赶回自贡处理馆务，李敏因办公室事务需要处理，他们两位在结束了对巫山大昌古镇的考察后在下午返回了自贡。程馆长则从自贡出发，与缪自平、周劲及邓军共同进行后续的考察。

上午，考察组考察了大昌古镇。据大昌古城景区标识牌等资料介绍，大昌古镇有东门、西门和南门，南门连接大宁河，是从大宁河上岸后进入古镇的第一个城门，而东门和西门则是陆路城门。古城是因为三峡大坝修建被淹没而整体往上进行了搬迁。在古镇内，至今还有城隍庙、温家大院等文化遗产。据当地人介绍，巫山大昌镇在民国时期非常繁华，从大宁盐场顺着大宁河而下的盐船停靠大昌古镇，繁荣时有几百只盐船停靠。

下午4:30左右，考察组驱车抵达开县开州博物馆，博物馆的陈彤、彭波等老师给予了接待。据陈彤老师介绍，开县温泉镇遗存了较多的盐业文化遗迹及盐运文化遗存，确定了我们次日考察的重点。

◆ 6月21日 周六 雨转晴

早上，从开县县城驱车出发沿着S102线公路在9:30抵达温泉镇，考察了盐井、盐灶遗址。作为重庆历史文化名镇温泉古镇还保留着许多成片的传统民居建筑，有两个四合院的老房子引起了我们的注意。可以说，温泉是一个因产盐而兴的古镇。仅仅在温泉镇就有18个山寨，全都建在温汤井的路卡、河卡旁，紧紧地防卫着温汤井。据介绍，温泉曾有36座寺庙，且风格迥异。

据介绍，温泉盐业生产曾采用了"淋卤取咸"的技艺。温泉卤水常年保持在45度左右，我用手去摸，感觉非常温暖，品尝后感觉咸度较低，估计只有1.5波美度左右。温泉盐卤资源，因为波美度较低，在20世纪50年代就停产，在60年代恢复生产后又停产。至今，许多盐井和盐灶都已被河流淹没，非常惋惜。

七里谭廊桥是开县的县级文物保护单位，修建于道光年间，距温泉镇的距离约7里，故得名。据介绍，廊桥在清朝时有记载是每天上千人过往，是一个重要的交通通道。廊桥旁边曾经有驿站，是背盐的人歇脚的地方。据廊桥桥头的刘大爷（82岁）介绍，经过廊桥可达到宣汉、达州和陕西等地。温泉的盐运输到城口后，从城口带回的物资主要是生漆、核桃和药材。在廊桥桥头有两块石碑，记录了修桥的背景，考察组对其进行了拓印。考察完七里谭廊桥后，驱车抵达仙女洞。仙女洞里有戏台，估计是盐商修建。之后，到居民楼顶上拍摄了整个温泉镇的全貌，温泉的城镇布局正如重庆朝天门一样，由两条河在此汇聚而成。

下午，我和程馆长测绘了一个盐灶遗址的尺寸，长约11.2、高2.3米，宽度最窄处约3.4米而最宽处约3.9米。考察完温泉镇后，在下午5:43驱车离开，晚上约11:00抵达利川城区。

◆ 6月22日 周日 晴

早上7:15就餐后，8:20左右谭宗派老师（80岁，利川民俗学者、地方文史专家）到我们入住的房间详细给我们介绍了恩施的盐运情况。谭老师介绍到，柏杨镇是利川的运盐重镇，重点讲述了利川境内及入利川的盐路分布。总体来说，最为重要的盐路有两条：（一）西沱—黄水—冷水—汪营—柏杨—利川；（二）云阳—七曜山—梅

子水 — 柏杨。盐道上，运入利川的主要是盐和棉纱，外运出去的主要是生漆、山货和药材。他还向考察组介绍了利川背盐力夫（"背二哥"）的组成、盐运民俗文化。约10:20结束对谭老师的访谈。11:35抵达海洋村古村落。12:40抵达凉雾乡纳水溪古村落，这是一个相对较传统的古村落，我们进行了扎实的考察。因山区餐饮服务点分布较少，约下午2:50开始吃午餐 —— 方便面。下午3:00抵达张高寨。结束对张家寨考察后，在傍晚6:50抵达老屋基。考察结束后，晚上8:50回到利川城区就餐、住宿。

◆ 6月23日 周一 雨

上午9:30抵达湖北民族学院，与华中科技大学赵逵教授、雷祖康副教授交流关于恩施境内古盐道考察事宜。下午，在宣恩县文体局田金钢先生的带领下，于16:40抵达李家河镇上洞坪老街（上洞坪村12组）。据介绍，上洞坪老街是从重庆转运食盐到宣恩的重要节点和驿站，老街上许多80岁以上的男性老人在民国时期和新中国成立初期都曾挑运过食盐。老街上的赵占清（93岁，1921年生）在民国时曾运盐，对当地的盐运历史给我们做了生动的讲述，据他告知，当地在历史时期最喜欢吃自流井的黑锅巴盐。据田金钢先生讲，宣恩有这样的说法："吃不过盐，穿不过棉；湖北出盐，饿死四川。"且我们发现，田队长的口音与自贡话非常相似。晚上，住宿来凤县城。

◆ 6月24日 周二 阴夹雨

早上6:40起床，早餐后，来凤县住房和城乡建设局张兴红局长陪同考察，他介绍境内与川盐古道相关的有沙道沟镇的黄柏村和石桥村（因为两村紧邻，两村合称为黄石景区，而两村正在依托古盐道和石林等遗产打造旅游景点）。

上午，考察了十娘子桥，之后抵达石桥村，紧接着抵达八股庙（因8户人家出资修路为铭记其好人好事而立碑），对该庙门口的《千里告之》碑做了拓片。午餐后，在

下午2:50左右到达千年古杨梅树处，该杨梅树下的《黄柏园桃花灯简介》碑刻资料记载了黄柏园桃花灯起源于当地的盐运。下午3:35，考察了黄柏村境内的一段古盐道，保存得相对比较完整。下午6:05，抵达两河口老街（即现在的两河口村一组），该老街还保存了一小段非常完整的街道，且曾经有苏维埃政权在此，老街上的居民刘治顺（75岁）家里还保存了一个捣碎巴盐的盐钵。下午6:50，考察组抵达彭家寨，一个运盐古道上重要的古村寨，保存得十分完好。据介绍，该寨已有200多年历史，现在约200人居住。晚上约10:00抵达宣恩县城就餐、住宿。

◆ 6月25日 周三 雨

今天主要考察了庆阳坝凉亭街、晓关镇、小溪村中坝彭家大院等。上午9点抵达中国历史文化名村 —— 椒园镇庆阳坝，实地考察了湖北省级文物保护单位 —— 庆阳凉亭街，该街道与盐运有重要的关系，从万县、云阳挑来的食盐，便在此街道上贩卖。庆阳凉亭街给我们非常深刻的印象，街道两旁的房屋是清时的木屋建筑，并融合了土家族的吊脚楼风格，街道较窄，估计约三四米，街道顶端有高高的屋檐，雨和阳光都不会直射到街道上。居住在椒园镇庆阳坝土黄村小茶院的杨仁初老人（81岁）曾在供销社时挑过盐，他向考察组讲述了他挑盐的情况。

中午抵达晓关镇，考察了镇上的万寿宫等。下午4:45抵达盛元坝乡小溪村中坝彭家大院，据介绍已有二三百年的历史，院子里至今有二三十户人家，都是彭姓人家。彭家寨附近至今还有盐大路，是万县、云阳到宣恩运盐路线中的节点。小溪胡家大院是古盐道的一个驿站，中坝大院子又叫"店子湾"就是因为大院子后面的小溪边有一座供往来客商食宿的店铺而得名。小溪居民胡必兴老人说他的父亲胡志煜当年就是挑盐的，并担任担首；经常往来于云阳、万县、恩施、利川之间。小溪古村落的形成与盐道经过这里有着十分密切的关系。

之后，驱车到毛坝，打算考察永顺风雨桥，但抵达时

天色已晚，便在镇上住了下来。

～～～～～～～～～～～～～～～～～～～～～～～～

◆ **6月26日 周四 雨**

　　上午，考察的第一个点是永顺桥。该桥修建于光绪九年，在1991年进行了维修，是一座特殊的木拱风雨桥，是我们考察川盐古道上一座极为特殊的古桥，现为恩施州文物保护单位。考察永顺桥后，冒着大雨继续开车奔赴利川市双泉村一组的步青桥及字库塔，接近11:00抵达。步青桥是川盐古道上从万县、云阳运盐到恩施等地的重要交通咽喉，据步青桥字库塔上的碑刻资料显示，该桥在光绪元年修建，当时就有江西、湖南、湖北、四川、重庆等地的人捐资修建。下午2:35抵达利川汪营镇，这里是石柱西沱外运川盐进入恩施的第一个重镇。据镇上的人讲，这里曾经有许多庙宇，但是现在全部被拆毁了。考察发现，镇上的老街已经被全部拆除修建了新房，依稀留下的历史痕迹显得更加的薄弱。晚上，住宿利川城区。

～～～～～～～～～～～～～～～～～～～～～～～～

◆ **6月27日 周五 晴**

　　今天终于迎来了一个难得的晴天，早上从县城驱车约9:25抵达柏杨镇大水井古建筑群。该建筑群是全国重点文物保护单位，是中西合璧及与传统吊脚楼相结合的传统建筑，主要由李氏庄园、李氏宗祠和高仰台李盖五住宅三大部分组成，是云阳盐运往利川、恩施的重要途经地点，至今还保留了一条古盐道。下午，对大水井的古盐道进行考察，实地踏勘了一段山间的由石板铺成的盐大路，据介绍此路是通往奉节、云阳地区的盐路，又叫做老路，翻过七曜山可达云阳。

　　15:12抵达梅子水老街，下车正好遇到我们的报道人朱明远先生（84岁）。据他介绍，他曾经挑过盐，是去云阳挑盐。现在梅子水老街已经被全部拆毁重新修建了新房，是云阳到柏杨再到利川古盐道上的一个重要驿站。从梅子水到云阳的盐路，可分为上大路和小大路，二条路都是通

到云阳的。

　　17:15左右抵达位于现在的柏杨镇七跃村的穿心店（当地人所称的大垭口，在山谷到山顶上的高山小块平坝上）。当我们看见穿心店遗址时非常震撼，程馆长考察完之后便觉得可以作为寻访川盐古道大型图录的封面。据介绍，穿心店是从云阳挑盐到梅子水再到柏杨路上的一个重要驿站，是七曜山上的一个高山驿站，是一个典型的因为交通地理因素而形成的聚落。但是，如今房屋已经垮塌，仅仅留下残垣断壁，不过可从遗存下来的城门、墙壁、古树、石缸等生活用具及寺庙（三圣庙）的牌坊看出曾经的辉煌历史。

　　之后，考察了盐道上的野人谷。据说土匪打劫盐客后常会将其尸体抛入其中，另一说法是驿站的黑店将盐客用蒙汗药迷昏后掠夺其食盐和财物，后将盐客尸体抛入其中。到达野人谷时，我们感觉到了一股冷冷的寒气扑来，较阴森恐怖。今天的考察丰富了川盐古道的类型，即遗存的古聚落穿心店和野人谷。晚上，住宿利川城区。

～～～～～～～～～～～～～～～～～～～～～～～～

◆ **6月28日 周六 晴**

　　因是周末，考察组不忍打扰当地文博机构，便开始"私自行动"。8:50抵达团堡镇老街。考察了团堡老街上的官庙遗址、石龙寺、冉家院子、冉家祠堂及团堡的培风塔。之后驱车前往屯堡，主要考察了屯堡罗针田及屯堡老街。在屯堡老街有幸找到了95岁的骡子客杨永春，他讲述了民国时期帮国民政府运盐的历史。16:35驱车抵达建始县太阳河。考察了太阳河老街、风雨桥，因山路路况差，没能考察到十二关（因此处处于七曜山的山垭，经常是土匪出没的地方，盐客一般都会在太阳河老街住一晚，等天亮后结伴通过）。晚上10:20，抵达建始县城投宿。

～～～～～～～～～～～～～～～～～～～～～～～～

◆ **6月29日 周日 雨**

　　上午，冒雨考察花坪镇。该镇曾经是建始四大名镇，

因为交通的因素非常繁华,是奉节到恩施路线盐道上一个重要的大集镇。在花坪镇上访谈了吴家的后人吴继成(73岁)。他回忆了该镇民国时期盐业和盐运的情况。他介绍,民国时期,镇上有几大商家,较大的是吴家和田家。中午在景阳镇就餐,因连续下雨,道路泥泞,无法行车,本打算去双土地村,但是没能成行。之后,赶到建始县高坪镇石垭村考察,石垭村保存着非常完好的老街,当地人叫做盐大路,传统民居建筑和石板古道保存非常好。考察组对石垭村的郭明怀(88岁)、何文泉(89岁)进行了访谈。

傍晚,考察了巴东野三关。约晚上9:00从野三关出发,经绿葱坡、茶店子等镇,在凌晨12:20抵达巴东县城宾馆入住。长时间的考察及长途跋涉,大家都感觉到了些许疲惫,不过不断地获得新的考察发现和收获,大家依旧精神十足,继续推进考察工作。

◆ 6月30日 周一 晴雨交加

今天开始了对神农架林区的考察。早上8:30驱车从巴东县城出发,11:20左右抵达神农架林区木鱼镇,刚一下车就觉得这里的空气清爽怡人。中午,神农架林区世界地质公园管理处罗处长、陈主任、王老师(女)设宴款待。下午,到地质公园管理处与罗处长交流后,考察木鱼镇并参观博物馆群,但遗憾的是停电了,没能很好的参观到展出内容。约下午5:50结束全天的正式考察,收了一个开展川盐古道考察以来的第一个"早工",疲倦的身体得到一定的恢复。

◆ 7月1日 周二 阴雨

今天,主要考察了神农架林区松柏镇、阳日镇。上午10:10,考察组驱车抵达神农架林区首府 —— 松柏镇,与神农架林区文体局刘局长、乔健副局长及文物管理所的秦所长等进行了简短的座谈。神农架文管所对境内的古盐道有丰富的前期调查成果,地方政府非常重视神农架古盐道。秦所长介绍了神农架境内古盐道的基本情况,在电脑里分

享了他们在2007年左右花了22天时间考擦大宁盐场至神农架段的盐道照片。下午,秦所长带我们考察了神农架自然博物馆及神农印象中心,之后又前往阳日镇考察了三间书院、老街和码头等。

◆ 7月2日 周三 晴

今天终于放晴,阳光明媚。一大早,我便抵达林区文物管理所秦小兵先生的办公室拷贝相关资料。9:40,林区文管所组织召开座谈会,但汉民、胡老师、秦所长及乔局长等参加,探讨了神农架古盐道的历史、线路、产生的经济、社会和文化影响及盐道上的民俗民间文化等,让我们较全面地认识了神农架古盐道的面貌。因神农架林区交通因素的限制及许多盐运文化遗产分布在"无人区",故而没有到更多的现场进行田野工作。下午1点,驱车离开松柏镇,晚上10:40抵达澧县城区。

◆ 7月3日 周四 雨

今天,开始了对湖南境内的考察,第一站选择是的桑植、苦竹寨。

中午12点左右抵达桑植,桑植县文物局的大刘局长、小刘副局长、王主任等热忱地在进城入口的公路处接待。用过对方安排周到的午饭后,下午原桑植文物局尚局长到宾馆向考察组介绍桑植境内盐运历史、线路及其文化遗产构成。尚局长特别提到贺龙青年时贩盐的故事。之后,刘副局长和尚永主任带我们到苦竹寨考察。这是一个保存得比较完好的老村寨,在澧河的岸边,有上、下两条老街及上、中、下三个码头,还有关帝庙、盐行、铁匠铺、桐油行等商铺,四合院式的老房子较成规模。如今尽管已修建了部分新式建筑,但仍能看出这里曾经的繁华和富庶。

◆ 7月4日 周五 雨

今天重点考察了贺龙故居、贺龙纪念馆及芭茅溪盐局、仓关峪老街等。在桑植文物局尚永胜主任的陪同下，上午考察了贺龙故居及贺龙纪念馆，更加深入认识到贺龙青年时期与盐业之间的关系。之后，考察了贺龙"三把菜刀闹革命"的巴茅溪盐局。下午，依次考察了仓关峪老街、贺龙桥、陈家河老街、上河溪、葫芦壳盐道、打鼓泉乡小埠头村谷家垭盐道及澧河南岔码头。

◆ 7月5日 周六 晴

今天，选取了洗车河古镇、捞车河古村作为田野考察点。早上8:20驱车从桑植县城出发，因为路况较差，下午1:00才到达洗车河古镇。洗车河古镇，是土家族聚居的历史文化名镇，是湘西地区重要的食盐转运码头，规模非常庞大。但此时的洗车河古镇正在进行大规模旅游开发，这让我们感到较为惋惜，古镇的风貌失去了原有的本真和韵味。下午，考察了古镇的老街、风雨桥、码头及坡子街。镇上的田贵中先生给我们介绍了一些盐运与古镇发展历史的情况。坡子街顶上的80岁老人罗成均给我们讲了坡子街的历史和盐运情况。

下午4:50，驱车抵达苗儿滩镇洗车河古村落。这是一个保存得非常完整的古村落，是一个与盐运有重要的关系的地方，从龙山到常德的盐运均经过此地。下午6:45，我们依依不舍地离开了这个颇具魅力的古村寨，遗憾的是因为时间关系没有去古村落的梁家寨等地方细细参观。随即继续驱车前往里耶古镇，晚上8:15左右抵达。

◆ 7月6日 周日 晴

今天，主要考察了里耶古镇、里耶秦简博物馆和凤凰古城，均与盐运密切相关。

上午，实地考察里耶古镇，古镇规模十分庞大。古镇在酉水北岸，有上、中、下三个码头，是酉水流域食盐转运的重要水码头和驿站。该镇曾非常繁华，有多家商号、多个寺庙、多条古街道及政府办事机构。10:30抵达里耶秦简博物馆考察，发现秦简里有相关信息涉及盐业。

中午，从里耶启程驱车赶往凤凰古城。下午3:20抵达凤凰古城，因是旅游旺季，到古城旅游的人非常多。城内有古城墙，东关门、古塔、虹桥及典型的吊脚桥和跳跳石桥，具有典型的湘西苗族风味。其实，绝大多数人都不知道凤凰古城其实与川盐的运销有很密切的历史渊源，但只要读过并稍加留意沈从文先生《边城》的人，便会发现这座古城与盐运历史的纠葛。

◆ 7月7日 周一 晴

洪江古商城、芷江是我们今天考察的主要对象。上午11:10左右抵达洪江古商城，洪商文化博物馆（筹建）陈馆长接待了我们，让我们品尝了丰盛的洪江鸭午餐。下午，实地考察古商城内的盐号、盐仓、盐商宅邸等。下午6点，抵达芷江侗族自治县，考察了风雨桥及鼓楼。在芷江吃过晚餐后，晚上8:50驱车出发，凌晨12:30到秀山县城入住。

◆ 7月8日 周二 晴（酷暑难耐）

今天，我们将考察的重点放到了彭水郁山古镇。早上8:20从酉阳出发，11:40抵达。我们考察了古镇废旧的盐厂、输卤栈道孔、盐灶遗址、盐道及郁山中井坝制盐遗址等。野外考察时，酷热当头，我生平第一次感受到了中暑的难受滋味，豆大的汗珠冒出，汗如雨下，若不及时坐下休息，恐怕真会晕倒在农地里。4个小时的野外考察后，离开郁山。晚上9:40抵达西沱古镇，和谭红建、黎凤良等人沟通次日考察七曜山上楠木垭古盐道、驿站和碑刻的事宜，完成6月13日因下雨未能前往考察的工作。中暑太难受，晚上11:40便不得不暂停整理田野笔记早早休息。

◆ **7月9日 周三 晴（酷暑难耐）**

因为要上山，早上5:30便拖着晕乎乎的脑袋早早起床，6:10驱车出发与谭红建支书汇合。吃过谭支书买的包子、馒头早餐后驱车前往楠木垭，经过碎石铺成的狭窄、蜿蜒的山路后约8:08到达目的地。楠木垭为西沱到七曜山上陆运至鱼池坝再运至利川的第一个驿站。考察了该处的古盐道、楠木垭修路功德碑、驿站，并对碑刻做了拓片。据当地罗继承（80岁）村民讲述，民国和新中国初期有很多幺店子在楠木垭，背盐路过的人多得很，半夜三更时都有人经常过路，很热闹。楠木垭古盐道由不规则的石板路组成，经过长期的磨擦已十分光滑，道路上打杵印也清晰可见，是川盐古道中很具代表性的古盐道。11:30结束对楠木垭的考察，下午3:35驱车离开西沱，晚上12:20回到自贡，结束了连续28天的重庆、湖北、湖南境内的初步考察。

◆ **7月22日 周二 晴**

经过十来天的休整和准备后，今天以黄健、缪自平、周劲及邓军四人组成的考察组开始了对川滇古盐道东线的考察，考察区域主要为宜宾、昭通和曲靖。早上7:50出发，经过40分钟左右的高速路程后到达宜宾城区。约10点到达宜宾市文广新局，与宜宾市文物管理局黄局长作了交谈，他帮助我们联系了翠屏区和筠连县文管所的负责人协助我们在其境内的考察工作。之后，在翠屏区文管所张建所长的带领下，来到南广古镇考察，现在社区任职的程华娟主任接待了我们，她较详细地讲解了南广的历史文化。南广镇，在南广河边，位于南广河与长江交汇之处，是自贡、乐山等地的食盐上运云南的重要转运点，也是滇铜京运的转运点。我们重点考察了榨子门码头、南广古镇的历史街区，还发现了有一块刻有"盐单"等机构的清代碑刻。

午饭后，驱车前往筠连县。该县文管所刘良坤等给予热情的接待，苏磊带我们实地考察了腾达镇王爷庙及盐运

码头，并在回程中考察了僰人悬棺。之后驱车前往筠连巡司的五尺道及其隐豹关隘，据当地村民讲，在民国时期该段道路大量的运盐，非常繁忙，主要由云南的彝族和苗族人到四川这边来背运。考察发现，五尺道其实也是一条运盐的重要通道。

◆ **7月23日 周三 晴**

早上八点，前往筠连县犀牛村凌云关（高县和筠连县交界处）段五尺道考察。此段五尺道与昨天的隐豹关段五尺道相比，则显得十分陡峭，保存的完整度也不如隐豹关，但是这两条五尺道至今仍在使用，有行人通行，没有完全废弃，凌云关关隘也基本保存了大体风貌。之后，驱车前往盐津县。下午2:40，到达盐津县文管所，与该所的陈云彬所长交流，据他介绍，县境内主要有两条五尺道，即高桥村五尺道和豆沙关五尺道。紧接着他带着我们去了高桥村五尺道，该路段非常险峻，长满了杂草，已经废弃。高桥是在悬崖峭壁上搭建起来的，横亘在两山之间，具有厚重的历史文化感。

◆ **7月24日 周四 晴**

早上7:50从盐津县出发，驱车前往豆沙关，约8:40到达。在豆沙镇文化专干侯林先生的接待下，进入豆沙关五尺道景区。该段五尺道非常完好，十分险峻，保存了全国重点文物保护单位唐袁滋题记摩崖石刻，对岸峭壁上还遗存了僰人悬棺，据说该段道路上有200多个马蹄印，马蹄印的密集程度、深度和宽度让人叹为观止。豆沙关，中原与云贵高原交流的主要通道，有重要的政治、经济、民族交往、社会文化作用。关河河道、豆沙关古道、关河岸上的一般等级公路、高速公路及铁道，五种类型的运输通道汇聚在一起，成了特殊的交通文化景观。

中午在豆沙关就餐后，驱车经过大关县再到昭通城区。下午3:20到达昭通文管所，该所余成松所长给予了我

们热情的接待，下午考察了昭通城区文渊街大成殿、南华宫、霍承嗣壁画墓、孟孝琚碑。晚上，余所长设宴招待我们一行及怒江文管所所长夫妇。

～～～～～～～～～～～～～～～～～～～～

◆ 7月25日 周五 晴

上午，8:40左右余所长带我们参观昭通博物馆及龙氏家祠。午饭后，从昭通出发，沿213国道行驶至被誉为"钱王之乡"、"会馆之城"的会泽，约16:20抵达会泽县文物管理所（江西会馆），与赵所长、唐开继老师交谈会泽考察古盐道事宜。据介绍，会泽是一个多民族县，有汉、回、彝、壮、苗、白、纳西、傈僳、满、布朗、藏、瑶、拉祜、佤、傣、哈尼、蒙古、阿昌、普米、独龙、仡佬、侗、布依、水、东乡等25个民族。境内的彝族等少数民族，在历史时期以马帮的形式从事于铜、盐的运输，沿着金沙江水路及曲靖—毕节—叙永线路转运。

～～～～～～～～～～～～～～～～～～～～

◆ 7月26日 周六 晴（蓝天白云）

早上8:40到达会泽文物管理所，高永存副所长拷贝了会泽铜运古道及古盐道的相关照片给我，复印了《会泽文物志》中的部分资料。9:20左右，在唐开继老师的陪同下，考察了会泽的八大会馆，即江西会馆、湖广会馆、贵州会馆、云南会馆、江南会馆、福建会馆、陕西会馆和四川会馆。午饭后，13:20驱车从县城出发到娜姑乡白雾村——万里京运第一站考察，白雾村历史上是运铜到京城的重要驿站，是转入金沙江的重要村落。在白雾村，重点考察了太阳宫、三圣宫、刘氏公馆、财神殿、白雾古街道及传统民居建筑群等，领略了这个古村落的历史文化魅力。之后，驱车到东川区红土地。

～～～～～～～～～～～～～～～～～～～～

◆ 7月27日 周日 晴

上午，在红土地实地考察。中午，驱车抵达曲靖市城区。因周末的缘故，考察组不便打扰地方文管所工作人员，自行安排考察曲靖城区的历史遗存，整理前期的田野笔记和筹划后续的考察路线、田野点的安排。

～～～～～～～～～～～～～～～～～～～～

◆ 7月28日 周一 晴

早上8:50考察组抵达曲靖市文管所，受到刘中华所长的热情接待，刘所长介绍了整个曲靖市古盐道及文化遗产的分布和构成情况，之后联系了沾益的王文所长、富源县的桂所长、宣威的李家佐所长为我们的考察提供帮助。结束与刘所长的交流后，紧接着我们驱车到达沾益县，王文所长带我们考察了黑桥（旧时五尺道上宣威到曲靖的必经之路）及黑桥附近的旱桥，考察了松林古驿站（宣威到曲靖路线上的重要驿站）及九孔桥。午饭后，驱车去富源县文管所，和桂所长等交流后，办公室主任敖老师随即带我们考察了胜境关及其附近的古盐道、驿站和碑刻，收获非常大。

～～～～～～～～～～～～～～～～～～～～

◆ 7月29日 周二 晴

早上从富源县城区出发，前往宣威县，约10:30抵达，与宣威文管所李家佐所长等交流后，考察了东山寺、浦在廷故居，发现著名的宣威火腿原来与自流井等地的井盐有渊源。13:50左右驱车从宣威出发，约15:40抵达宣威县杨柳乡，在文化站李应周及老站长赵怀礼的带领下考察可渡。可渡是贵州毕节地区进入云南曲靖地区的交通要道，是滇黔重要孔道，俗称滇东锁钥，考察发现至今还遗存了众多的文化遗产，包括可渡关古驿道、南北城门、古桥、客栈、碑刻、摩崖石刻、古驿道、明清时期的民居建筑等。可渡考察结束后，17:50左右驱车出发，沿326国道及729县道，经过近三个小时的车程到达威宁城区。可渡到威宁全路段大部分地方在修路，路况非常差，而且天色渐晚又下起了雷阵雨，最终，在深夜平安到达威宁。

～～～～～～～～～～～～～～～～～～～～

◆ 7月30日 周三 晴

大早起床，逛了半小时草海后，驱车到威宁县文管所（玉皇阁）。在该所孔老师的带领下对威宁的六孔桥及附近的古道做了考察。约11:30到达毕节市七星关区杨家湾镇的七星关，作为贵州境内著名的四大关隘之一的七星关留存了一段马蹄印众多的古道及摩崖石刻、庙宇、古桥等。下午到达毕节市文物局，郑远文局长热忱地欢迎我们并介绍了整个毕节地区盐运历史概况。17:30左右，考察了毕节西秦会馆。

◆ 7月31日 周四 晴

今天主要考察了瓢井镇及达溪。上午，郑远文局长亲自陪同，考察大方县瓢井镇。瓢井镇，又叫做瓢儿井，是永岸盐道上川盐入黔的第一个重要食盐中转站。考察组对镇内的盐号、西秦会馆遗址进行了重点考察。结束瓢井镇的考察后，驱车到达溪考察。午饭后，13:30驱车返回自贡，傍晚抵达，对滇东北、黔西北古盐道的考察暂告一段落。

◆ 9月3日 晴 周三

自贡地区在近两千年井盐生产、运销的历史进程中，留下了成体系的、数量众多、类型多样的盐运文化遗产，是整个川盐古道文化遗产分布最为集中的核心区域。为了摸清自贡盐运古道的现状及盐运文化遗产构成，9月3日至8日，自贡市文广新局联合四川省文物考古研究院、自贡市盐业历史博物馆开展了对自贡井盐遗址及盐运古道进行考古调查，考察人员由北京大学、中国人民大学、故宫博物院、中国国家博物馆、湖南省文物考古研究所、中国文物报、四川省文物考古研究院及自贡市盐业历史博物馆等22位专家组成，学科背景和研究方向涵盖了考古学、历史学、交通史、民族学、文物研究及盐业史研究等领域。

当天上午，考察的第一站为东源井，久大盐业集团公

司井矿科的肖永明工程师现场讲解。之后驱车到艾叶古镇，陆坚先生讲解了艾叶盐业生产和运销概况，考察了古镇的堰闸、桥梁、船槽、码头、古街。然后，考察了胡慎怡堂（贡井盐厂厂部）的宅院，该宅院损坏严重，现场目睹后甚为痛心。下午，考察了雷公坡古墓群、雷公坡双胜堡碉堡、贡井老街、陈家祠堂、千佛寺、大公井遗址、中桥及中桥堰闸、旭水河菩萨石等。考察大公井遗址时，韦正、齐东方教授及高大伦研究员等指出，出土陶片在年代上是南朝后期，结合考古实物和文献记载更加证明了贡井产盐历史的悠久，凸显了多学科背景下合作考察的优势。

◆ 9月4日 晴 周四

早上驱车到贡井老街，安排了一条小船到旭水河中考察"陷入"河中的菩萨石摩崖造像，专家们考察后初步认为是唐代的摩崖。约11:00钟国伟师傅驱车带我到仙市古镇接冯伯桃老先生(80岁)到贡井陈家祠堂座谈关于自贡的盐运历史文化。下午2:00，在陈家祠堂开始了座谈，冯伯桃、胡泽炎（原仙市镇党委书记）、陆坚先生及另一位92岁的老先生四位主要报道人向考察组讲述。下午3:30结束座谈后，驱车到荣县大佛考察。

◆ 9月5日 周五 晴

早上8:40从市文广新局出发，约9:40抵达大安区回龙镇。大安区的巴骄先生是当地的文史专家，向考察组做了全天的全程讲解。先后考察了回龙老街、天主堂、禹王宫、天后宫、川主庙及大同村七组和八组的岩槽古盐道。紧接着，驱车前往牛佛，在牛佛用过午餐后考察了牛佛的老街、万寿宫、贺乐堂、中和灏、王爷庙、禹王宫及义渡碑等。之后，考察了燊海井、凉高山李亨祠堂及张氏节孝坊。

◆ **9月6日 周六 晴**

白天，依次考察了狮市古镇、富世盐井、富顺小南门码头、富顺文庙、汇柴口古盐道、炎帝宫、川主庙。晚上8:00到10:00在南湖体育中心举办了"对话考古专家——文博资源的有效利用与可持续发展"的座谈会，李水城、高大伦、王子今等考古学者对自贡文物资源的保护及其盐运文化的构成、保护提出了很好的见解。

◆ **9月7日 周日 晴**

今天重点考察了富顺沱江边上的怀德镇、赵化镇、长滩镇、万寿镇，均是离自贡市区较远，紧邻泸州的古镇。早上8:40驱车从市文广新局出发，在自贡东上高速路到泸州西下高速路。约10:00到怀德镇政府，考察了怀德帝主宫、老街、码头、南华宫、禹王宫。中午，在长滩就餐。午饭后，考察了悠游宫（泸州九中曾在此教学），之后考察了赵化古镇古街、古盐运码头、庙宇及刘光第故居。然后，从赵化坐轮渡将车和人一起运到沱江对岸的万寿镇，考察万寿镇老街。最后一个考察点是怀德虎头城遗址，考察虎头城遗址时，高大伦院长认为在整个四川的军事城堡遗址中虎头城遗址的规模是比较大的。

◆ **9月8日 周一 晴 中秋**

今天是中秋节，但是大家并没有休假，而是坚持我们最后一天非常紧张高效的考察。早上8:40驱车出发，第一站到达仲权镇，考察了仲权镇南华宫、河中字库塔等。之后，考察了漆树乡乐善坊及古街道。紧接着驱车到永安镇，考察了阁乐祠、南华宫等。然后，驱车前往太源井考察晒醋工艺，再到邓关考察了济运闸、观音阁。完毕，驱车考察仙市古镇。最后，考察了糍粑坳王家大院（子诚公祠）和板仓玉川公祠。至此，6天紧张有序的自贡盐运古道考察工作暂告一段落。

◆ **11月13日 周四 晴**

因10月份我馆在筹办"川盐古道与区域发展"学术研讨会，故对川滇古盐道西线——润盐古道的考察安排到了11月份。今天，我馆的程龙刚副馆长、郭慧敏、邓军，川南影视制作中心的程劲风等及驾驶员张师傅和余勇强，一行共9人，启动了对润盐古道的实地考察和纪录片拍摄工作。此次考察的首站是西昌，10:05从我馆出发，13:30在中途的荥经就餐，19:05到达西昌入住酒店。

◆ **11月14日 周五 晴**

上午9:10到达凉山州文管所，唐亮所长给予热情接待。唐所长是位研究型的领导，对境内的历史文化了解得非常全面深透，他翔实告知了境内润盐古道、丝绸之路的基本情况，并联系各县文管所所长，为我们的考察提供支持。10:30离开文管所后，驱车前往凉山州奴隶社会博物馆。中午，就餐于礼州镇王氏家常菜馆。下午考察了礼州古镇的唐家大院、文昌宫、西禅寺、杨跃华宅等。礼州古镇是古代南方丝绸之路牦牛道的一大驿站，是西昌的北大门和各民族政治、经济、文化交流的重镇。

◆ **11月15日 周六 晴**

早上8:20驱车从西昌出发开始考察，今天考察路线为西昌—孙水关—铁厂镇—冕山镇—瓦洛乡利（则）古村—登相营驿站—龙塘沟古道。

约10:30到达孙水关观音殿。观音殿，在孙水关旁，十分雄险。再往前便是孙水关遗址，孙水关又名泸沽峡，为古南方丝绸之路的通关要津。据《冕宁县志》载：建南大道为冕宁最古老最重要的驿道，是蜀、西川、成都通云南的西干道，也是宁远府（今西昌）对外的唯一大道，但历代各有称谓：西汉称零关道，东汉末称牦牛道，唐末称清溪关道。遗憾的是1952年修泸雄公路时，拆除了孙水关关隘，现为四川省文物保护单位。

下午，14:05到达瓦洛乡则古村，考察了瓦洛吊桥及附近古道。之后，驱车前往登相营古驿站。登相营驿站是西昌通往成都古道的重要驿站和关隘，明朝初期登相营驿站正式屯兵，至此历经明、清、民国直到喜德解放，此地均为屯兵之地，因当地地名登相，故称登相营，一直沿用至今。考察完登相营驿站后，驱车寻找龙塘沟古道，经过不断的询问，经历了1小时左右的寻找，终于在18:00左右发现了龙塘沟古道，大家非常兴奋，为今天的考察画上了圆满的句号。

◆ **11月16日 周日 晴**

今天的考察路线是，从西昌出发 — 佑君镇 — 金河乡（金河古镇、雅砻江）— 骡马堡（润盐古道题刻）— 卫城镇 — 盐源县城。

上午约9:55抵达佑君镇，该镇历来是西昌、盐源两地间商贸重镇，是安宁河两岸众多乡村群众的交易集市，也是安宁河西岸南下德昌、米易，北上礼州、冕宁的要道。考察完佑君镇老街后驱车翻越磨盘山，中午在金河乡温泉村就餐。午饭后，13:50开始考察雅砻江边上的金河古镇及雅砻江大桥。金河古镇已随着公路的修建而衰落，只留下破旧的老屋及几只游艇从事有限的旅游业，这里曾是润盐古道上雅砻江流域重要的渡口。古镇内的古道、古树、石墙、集中成片的旧居及宽阔的旧大路，还诉说着这里曾经的繁华。14:46抵达盐源县平川镇骡马堡（禄马堡）"润盐古道"题刻，该题刻就在公路边上。紧接着考察毛家沟村庄的马帮（3匹马，4人，驮运着毛家沟一户即将办婚事的物品），为我们的考察增添了一个有非常重大意义的意外收获。拍摄完马帮后，驱车赶往盐源县城，翻越小高山，汽车不断地上山、下山，车后座的两名成员出现了晕车的状况。21:30在盐源县城入住。

◆ **11月17日 周一 晴**

今日主要到盐源文化馆、盐源盐厂、卫城镇进行了考察和交流。

9:20抵达盐源文化馆，李田馆长及何馆长（女）热情接待了我们。双方在图书资料室进行了座谈，李田馆长向我们介绍了盐源盐业的基本情况，以及盐源青铜器与盐的关系，认为出土的大量战国时期青铜器，说明当时经济繁荣、战争较多，而这些战争的发生可能就是与争夺盐源的盐利相关。午饭后，驱车考察盐源盐厂。丁松柏大爷（77岁）为我们做了非常翔实的介绍，带我们考察了白盐井旧址，并把我们带到一户有烧盐铜锅的人家里，该铜锅是盐源盐场以前使用过的，估测长度约80厘米，厚度约3厘米，上部直径约35～40厘米，底部因已毁掉，尺寸及形态不能确定。17:15驱车到卫城镇，主要考察了城隍庙、陈度公祠、南华宫及烈士陵园里的古城墙。

◆ **11月18日 周二 晴**

今天主要在盐源县档案馆、白盐井、黑盐井（塘）考察和搜集资料。

早上，8:50左右到盐源县档案馆，刘淑琼副馆长给予非常热情的接待，为我们提供了《盐源盐厂志》和新版《盐源盐厂志》的电子版以及盐源历史照片等珍贵资料。

10:20左右驱车抵达盐源盐厂，丁松柏大爷帮我们联系了陈吉如老人（85岁），专题访谈了陈吉如老人关于民国时期盐源盐业生产和运销的历史。午餐后，驱车前往盐塘镇，寻找到黑盐井遗址，黑盐井至今仍有卤水流出，但含盐量较低。晚上9:30抵达泸沽湖里格岛。

◆ **11月19日 周三 晴**

今天全天在泸沽湖镇内，早上6点便早起欣赏泸沽湖的美景。上午，考察了喇嘛寺等。

下午，参观考察摩梭博物馆，发现馆内的陈列详细介绍了盐源开山娘娘的传说并展陈了盐杯。之后，到达泸沽湖大落水村考察。

◆ **11月20日 周四 晴**

早上8:45左右驱车从泸沽湖大落水村出发，几乎全天都在赶路，晚上8点左右到丽江大研古镇。途中考察了燕洞镇大水沟村、大兴镇、宁蒗县城万格街（老街）、战河镇、永胜县城、三川镇、盟川桥及梓里村。据介绍，盟川桥是茶马古道上保存的一座形制较为特殊的古桥，桥的两头有桥堡，木制结构，以前很多马帮经过此桥。梓里村曾是是茶马古道上金沙江边的重要集镇，现今看来非常偏僻且交通也不便，但以前因金沙江水运和渡口的关系，是比较兴盛的。晚上，考察了大研古镇的古街道并领略了丽江古城的夜景。

◆ **11月21日 周五 晴**

上午，重点考察大研古镇。下午，考察了束河古镇。

大研古镇是丽江古城的核心，地处滇、川、藏交通要道，古时候频繁的商旅活动，促使当地人丁兴旺，很快成为远近闻名的集市和重镇。它的兴起与茶马古道有着直接的关系。考察组重点对丽江古城北门、文昌宫、净莲寺（嵌雪楼）、木府、科贡坊、仁和昌商号等进行了实地考察。古镇内保存了成规模的纳西族民居、商号、大宅院等传统建筑，而客栈、酒店尤多，可见历史上这里的繁华。但是，现今的丽江古城已过渡的商业化开发，已丧失了许多古镇的静谧和原有的生活方式。

下午3点，抵达束河古镇。束河古镇整体保存得较为完好，流水淌过古镇境内，非常具有人与自然和谐的境界。据程馆长介绍，他在束河镇龙潭访谈到一位马锅头，马锅头告知他以前在茶马古道上运送的物资主要是盐巴和茶叶。束河镇上的青龙桥，是茶马古道段上非常古老的石制

桥梁，马帮、挑夫、背夫长年累月经过，将桥上的石板磨得非常光滑。下午5点左右，参观了镇内的茶马古道博物馆，该馆对茶马古道的历史和文化做了较为全面的陈列，其中束河文化厅中陈列有盐春。

◆ **11月22日 周六 晴**

早上，从丽江驱车出发，中午抵达大理，对大理古城进行了考察。午饭后，便开始了往自贡的返程，经过12个小时的连续驾驶，次日凌晨1:30安全到达自贡。结束了我馆2014年度对川盐古道的考察活动。

行走在川盐古道上
川盐文化圈图录

后记

　　从文献资料记载的蜀守李冰"穿广都盐井"起，四川盐业已走过2200多年的灿烂历史。在漫长的历史长河中，四川盐业有其辉煌的时期，即太平天国运动和抗日战争时期，川盐形成了巨大的运销网络和广阔的销售市场。太平天国运动时期，川盐除供应本省138个县以外，还远销湖北40个县、湖南6个县、云南6个县和贵州76个县；抗日战争时期，川盐行销本省149个县、湖北38个县、湖南6个县、云南12个县、贵州79个县、西康31个县和陕西21个县。川盐如此庞大的运销网络和广大的销售市场催生了转运食盐的道路，这些道路由盛产井盐的巴蜀地区出发，抵达川、渝、滇、黔、湘、鄂、陕等省市诸多的村落和城镇，串接数千年的经济命脉、文化交流和民族风情，沉淀了盐色鲜明、盐味十足的商路文化、运具文化、商号文化、城镇文化、建筑文化及非物质文化等，形成了独具特色、别具一格的"川盐文化圈"。

　　然而，令人遗憾的是，长期以来学界对川盐文化圈缺乏系统而深入的梳理、调查和研究，

文物主管部门对川盐文化圈内的盐运文化遗产缺乏应有的认识和高度的重视，从而导致大量盐运文化遗产正在飞速地消失，面临濒危的局面。为此，2014～2015年，自贡市盐业历史博物馆组织专业人员开展了大型学术考察——"寻访川盐古道"，对川、渝、滇、黔、湘、鄂、陕境内的盐运文化遗产进行了大规模的田野调查。在四川省文物考古研究院院长高大伦研究员、重庆市文化遗产研究院院长邹后曦研究员、重庆市文物局副局长白九江研究员、贵州省文物考古研究所所长周必素研究员、湖南省文物考古研究所所长郭伟民研究员、湖北省文物考古研究所副所长孟华平研究员的热心帮助和倾力支持下，在自贡市文化广电新闻出版局、沿滩区文体广电和新闻出版局、自流井区文管所、贡井区文管所、大安区文管所、富顺县文物局、荣县文管所、泸州市文物局、合江县文物局、叙永县文管所、纳溪区文管所、乐山市文物保护局、乐山市体育局、五通桥区地方志办公室、五通桥区文化馆、犍为县文管所、井研县文管

所、乐山大佛博物馆、遂宁市文物局、大英县文管所、射洪县文化产业新闻出版局、南部县委组织部、三台县文管所、广元市文物局、剑阁县文化广电新闻出版局、广元市千佛崖石刻艺术博物馆、宜宾市文管所、筠连县文管所、凉山州文管所、盐源县档案馆、毕节市文物局、金沙县文管所、威宁县文管所、铜仁市文物局、思南县文物局、沿河县文物局、遵义市文物局、赤水市文管所、习水县文管所、仁怀市文管所、昭通市文物局、会泽县文管所、曲靖市文管所、宣威市文管所、沾益县文管所、富源县文管所、云阳县文管所、江津区文管所、綦江区文管所、开县文管所、巫溪县文管所、石柱县西沱镇人民政府、恩施州文物局、利川市文物局、神农架林区文化体育局、十堰市文物局、竹溪县文管所、竹溪县桃源乡人民政府、竹山县文管所、张家界市文物局、桑植县文物局、镇坪县文管所等单位的鼎力支持和周到安排下，在为期近100天的考察时间里，我们顶暑冒寒，爬山涉水，行程数万公里，走遍了川、渝、滇、黔、湘、鄂、陕的山山水水、沟沟壑壑。在这里，我们特向他们表示诚挚的感谢！

考察的沿途，我们对因盐运而生、因盐运而兴的古盐道、码头、桥梁、堰闸、碑刻、摩崖石刻、牌坊、关隘、盐仓、盐号、驿站、祠堂、庙宇、会馆、村落、街市、城镇等物质文化遗产及运盐习俗、船工号子等非物质文化遗产惊叹不已，被背二哥、挑二哥、马帮、骡子客、船工、纤夫等运盐群体的伟大创造、聪明才智和战天斗地的精神深深折服。为概括勾勒川盐文化圈内盐运文化遗产的基本面貌，为深入开展川盐文化圈内盐运文化遗产的科学研究与保护利用提供基础资料，我们组织参与此次考察的专业人员编著了这本图文并茂的《川盐文化圈图录 —— 行走在川盐古道上》。本书编写分工如下：程龙刚撰写第一章，黄健撰写第二章，邓军撰写第三章、第四章，周劲撰写第五章；本书框架、统稿由程龙刚完成，考察日记由邓军整理。

本书的出版经费得到自贡市文化广电新闻出版局的大力支持，在此致以衷心的感谢！

自贡市著名画家陆坚先生于百忙之中为本书绘制《川盐文化圈考察路线图》和《万里盐运图》，文物出版社李缙云先生、刘永海先生耐心细致地审读本书书稿，在此一并深致谢忱！

由于时间仓促，我们水平有限，难免有错漏之处，恳请读者批评、指正。

编著者
2016年7月29日